本书受上海市高水平地方高校（学科）建设项目资助

层次化治理

监督执纪执法"四种形态"的运行逻辑和适用研究

王小光 ◎ 著

图书在版编目(CIP)数据

层次化治理:监督执纪执法"四种形态"的运行逻辑和适用研究 / 王小光著. -- 北京:北京大学出版社, 2025.6. -- ISBN 978-7-301-36360-7

Ⅰ.D262.6

中国国家版本馆 CIP 数据核字第 2025ND4648 号

书　　名	层次化治理:监督执纪执法"四种形态"的运行逻辑和适用研究 CENGCIHUA ZHILI: JIANDU ZHIJI ZHIFA "SIZHONG XINGTAI" DE YUNXING LUOJI HE SHIYONG YANJIU
著作责任者	王小光　著
责任编辑	姚沁钰
标准书号	ISBN 978-7-301-36360-7
出版发行	北京大学出版社
地　　址	北京市海淀区成府路 205 号　100871
网　　址	http://www.pup.cn　新浪微博:@北京大学出版社
电子邮箱	zpup@pup.cn
电　　话	邮购部 010-62752015　发行部 010-62750672 编辑部 021-62071998
印　刷　者	北京宏伟双华印刷有限公司
经　销　者	新华书店
	890 毫米×1240 毫米　A5　6.75 印张　146 千字 2025 年 6 月第 1 版　2025 年 6 月第 1 次印刷
定　　价	68.00 元

未经许可,不得以任何方式复制或抄袭本书之部分或全部内容。
版权所有,侵权必究
举报电话:010-62752024　电子邮箱:fd@pup.cn
图书如有印装质量问题,请与出版部联系,电话:010-62756370

目 录

导 论 …………………………………………………… 1
　一、研究价值及意义 ………………………………… 1
　二、研究现状 ………………………………………… 2

第一章　"四种形态"与以政党为中心的腐败治理 …………… 10
　一、"四种形态"的提出过程及原因 ………………… 10
　二、腐败治理的两个维度：政党行为和国家行为 ………… 21
　三、反腐败的行动逻辑：治腐必先治党 ……………… 54
　四、政党反腐视角下"四种形态"的框架设计 ………… 70

第二章　历史演进视角下"四种形态"的理念和实践传承 …… 80
　一、"四种形态"与反腐败理念的历史传承 …………… 80
　二、"四种形态"与反腐实践和策略转型 ……………… 98

第三章　"四种形态"对纪检监察工作的形塑及实践反思 … 108
　一、国家监察体制改革与"四种形态"的扩张适用 ……… 109
　二、"四种形态"的指标化与隐形比例 ………………… 120

三、"四种形态"适用中的不平衡现象 …………… 128

第四章 "四种形态"适用中的纪法关系 …………… 138
　　一、"四种形态"中纪法关系的基本论断 …………… 138
　　二、"四种形态"中的纪法共治 …………… 149
　　三、"四种形态"中的纪法衔接 …………… 156

第五章 "四种形态"中的法法衔接 …………… 164
　　一、法法衔接中的两阶段法治差异 …………… 164
　　二、监察机关与其他机关的衔接 …………… 176

第六章 "四种形态"的准确规范适用机制 …………… 190
　　一、线索流转处置的监督控制机制 …………… 190
　　二、建立分类、分层次的形态适用标准 …………… 193
　　三、形态适用中的风险防控 …………… 196
　　四、反腐败与党的自我革命在实践向度的一体推进 …… 199

参考文献 …………… 207

导　论

一、研究价值及意义

"四种形态"的提出是为了实现全面从严治党，其核心思想是全面从严治党要靠纪律管全党，而把纪律挺在前面则要靠坚强的党性和责任担当，发挥党的领导核心作用，落实管党治党主体责任，严明政治纪律和政治规矩以及组织纪律。过去的反腐实践存在纪律处分滞后于法律处罚，反腐机关"经营线索"而放任违纪违法行为，党员未被开除党籍即被采取刑事强制措施等问题。针对这些问题，中央纪委提出"四种形态"的划分，以此作为监督执纪的基本依循，并在监察改革后将其进一步适用于监察执法领域，使其成为纪检监察的工作原则。

虽然"四种形态"早期是以工作要求的方式提出的，但它迅速对整个纪检监察理论和实践产生深刻影响。"四种形态"既是思想观念的创新，也是执纪监督的深刻变革，把纪律挺在前面，坚持纪严于法、纪在法前、纪法分开，让纪律成为管党治党的尺子，用纪律和规矩衡量党员干部行为，可以再次凸显党内纪律对管党治党和反腐的重要价值。"四种形态"是根据不同类型、程度的违纪违法问题，分阶段、分层次设计的处置方式和原则，它是一套从轻到重的执纪创新理论体系，是全面依法治国背景下政党治理理念及实践的一次创新。本书致力于从政党反腐视角探究"四种形态"的生成逻辑，深入剖析监察改革后"四种形态"的适用形式及纪法关系变化等问题，以彰显中国新型政党治理方案的独特价值。

在纪检监察实务层面，"四种形态"深刻影响着纪检监察业务的实践样态。监察改革将"四种形态"的适用范围扩展至监察执法，纪检监察考核指标、工作导向及方式等均随之转变。然而，"四种形态"的运行在线索流转方面存在"漏斗效应"，执纪执法趋向隐形"形态比例"，形态转换有以纪代法的隐忧，外界对纪检监察机关自由裁量权过大、形态适用不准以及形态转换缺少内外监督的关注与日俱增。对此，本书将基于实证调研，针对"四种形态"内部运行体系提出具体的规范适用方案，并对纪检监察权力高效规范运行方式和制度化建设路径进行必要探索。

二、研究现状

"四种形态"的理论及实践极具中国特色，相关研究呈现如下特点：一是以国内著述研究为主，国外可参照的案例较少；二是以纪检监察系统的官方解释和研讨为主，实务导向的研究成果多,理论研究成果少。有鉴于此,本部分将对相关研究予以适当筛选,以更好地展现现有研究的概貌。

(一) 政党治理

一是政党治理及其现代化。一般认为,政党治理及其现代化是西方治理理念和中国政治社会现代化在21世纪的融合。相关早期研究专注政党在国家现代化转型中的角色和功能,之后研究转向微观治理层面。有学者在总结相关观点后认为,政党治理的概念生成涉及四个方面,即政党治理萌生于对治理与善政理论的吸收借鉴、政党治理源于对世界大党衰退的现实反思、政党治理形成于推动执政转型的实践需要、政党治理生成于实现政党现代化的必然选择。[①] 政党治理的内涵包括三个层面:第一个层面是党内治理,这是最早也是最为普遍的观点。该观点认为,政党治理就是政党的自身建设和内部治理,[②] 即政党内部的机构与团体运用政策、组织与制度等资源,通过多方参与、上下互动、协商合作等方式,实现政党建设和执政目的,是一个持续动态的过程。[③] 有学者认为,党内治理包括政党自身建设的所有面向,如政党的政治建设、思想建设、组织建设、

[①] 刘先春、柳宝军:《近年来国内学界政党治理研究述评》,载《当代世界与社会主义》2016年第3期。
[②] 徐锋:《现代政党治理刍论》,载《当代世界与社会主义》2004年第1期。
[③] 姜崇辉:《从传统"政党管理"到现代"政党治理"——变化社会中的政党研究转型》,载《学术探索》2008年第1期。

作风建设、纪律建设、制度建设和反腐倡廉等。① 有观点将政党管理制度分成静态的政党制度和动态的政党依靠制度治理党务两个方面。前者涉及较多的是党内法规建设②及其与国家法律的衔接③问题,后者主要研究制度治党④及依规治党⑤问题。在准确把握"党在宪法和法律范围内活动"含义⑥的条件下,统筹推进依法治国与依规治党⑦,实现治国必先治党和治党务必从严⑧。该领域的研究已将党内纪律视作政党治理内容,但未指出纪律之于政党治理的具体实现路径,也未涉及如何协调党内纪律和国家法律之间关系的问题。

二是政党治理与纪律手段。列宁式政党特别强调纪律对政党建设的重要性,马克思主义经典著述对政党纪律有丰富的论述。学界已有观点跳出对政党先进性和纪律重要性的重复论述,认为纪律治理是一种微观政治控制技术,属于国际上政党治理

---

① 郑维伟:《"三位一体"的政党治理过程新论》,载《探索》2018 年第 3 期。
② 姜明安:《论中国共产党党内法规的性质与作用》,载《北京大学学报(哲学社会科学版)》2012 年第 3 期。
③ 肖金明:《论通过党内法治推进党内治理——兼论党内法治与国家治理现代化的逻辑关联》,载《山东大学学报(哲学社会科学版)》2014 年第 5 期。
④ 陈金龙:《新时代制度治党的科学指南》,载《理论学刊》2019 年第 1 期。
⑤ 宋功德:《坚持依规治党》,载《中国法学》2018 年第 2 期。
⑥ 刘松山:《准确把握党在宪法法律范围内活动的含义——兼论党内法规与国家法律的关系》,载《法治研究》2019 年第 2 期。
⑦ 张洪松:《统筹推进依法治国与依规治党》,载《四川大学学报(哲学社会科学版)》2019 年第 1 期。
⑧ 朱宪臣、王哲:《习近平"制度治党"重要论述的三重逻辑》,载《实事求是》2019 年第 3 期。

的基本模式,认为"四种形态"是中国对政党治理模式的改进,能够提升政党治理体系和治理能力现代化水平。此外,纪律治理与政党转型具有契合性,纪律治理需要整合政党转型的新需求和新成果,从而进一步提升纪律的有效性,强化纪律本身的科学性;政党转型则需要运用纪律治理技术和手段解决转型过程中可能出现的组织运行和政治控制问题,保证政党的适应性和生命力。① 政党及党纪在国际上有"刚性"和"柔性"之分,中国共产党可归于刚性政党之列,刚性政党设有较严密的组织、纪律及章程,严格党纪是政党主导立法及保持行政效率的保障。关于政党治理与纪律手段的学说多以国际视野审视中国问题,避免了话语体系中的同语反复。

三是政党主导腐败治理。有学者认为,政党主导腐败治理是党的初心和使命、专业性和权威性、党员队伍现状所决定的,因此主张从权力结构、党内监督等层面治理腐败。党委和纪委专业性强,在腐败治理方面可以发挥巨大的指导作用。在党风建设的过程中,相较于各民主党派和政协的党外监督,党委和纪委可以更便捷地进行事前、事中监督,并及时更新党规党纪。② 另有学者指出,中国政治体系的特点决定了中国反腐败体系是以政党为领导并以政党为行动中心展开的。中国反腐败

---

① 庄德水:《论新时期政党纪律治理机制创新——监督执纪"四种形态"的纪律治理意义和价值探讨》,载《广州大学学报(社会科学版)》2017年第6期。
② 兰荣禄:《腐败治理中政党主导与公众参与的耦合机制研究》,载《福建省社会主义学院学报》2019年第4期。

体系的建构与成长，与中国的政治体系和国家建设逻辑密切相关，并由此形成了以政党为中心的中国特色的惩治与预防腐败体系。① 有学者在比较域外政党治理腐败模式后认为，反腐败不仅仅是执政党自身的党内自清行为，更主要的是将执政党反腐败的意志和理念上升为国家的法律制度体系，成为国家治理的重要组成部分。②

（二）"四种形态"的内涵分析

一是"四种形态"的渊源和定位。从全面从严治党的角度论述，"四种形态"一般被认为是管党治党和严明党纪的方法。多数观点认为，"四种形态"源自毛泽东提出的"惩前毖后，治病救人"方针。"四种形态"既体现惩前毖后，又体现治病救人；既有威慑，又有感化；既是执纪的遵循，也是执法的遵循，实现了规、纪、法的有机贯通。③ 有学者则从战略高度来认识"四种形态"的价值，即从战略背景、战略思维、战略目标等方面论述"四种形态"的理论贡献，认为只有从战略高度认识"四种形态"的价值，才能把握其核心内涵和精神实质，"四种形态"的提出有特殊的时代背景，它有特定的理论架构

---

① 林尚立：《以政党为中心：中国反腐败体系的建构及其基本框架》，载《中共中央党校学报》2009年第4期。
② 吴海红：《制度反腐与政党兴衰——基于国外一些长期执政政党的经验与教训》，载《当代世界与社会主义》2014年第3期。
③ 本书编写组编：《监督执纪"四种形态"40问》，中国方正出版社2019年版，第11页。

与主要内容，具有三大理论贡献。①还有学者探讨了"四种形态"的法理基础和价值导向，提出它与刑罚谦抑、过罚相称等理念存在共通之处，因此只有正确理解其背后的法理渊源，科学把握其追求的价值和方向，才能准确地将其适用于纷繁复杂的实践中，充分发挥出它的法纪效果和社会效果。②监察改革后，纪委和监委合署办公，纪检和监察两类权力一体运行，"四种形态"亦被用于监察执法。面对新的变化，纪、法理论也需不断更新。

二是"四种形态"的内容和理论基础。"四种形态"的正式经典表述于2015年提出，③此后正式进入党内法规和国家法律体系。有学者认为，"四种形态"涉及党内监督、行政纪律监督和法律监督。④一般则认为，"四种形态"内部是一个有机整体，各形态层层递进，是针对违纪从量变到质变的梯度轨迹设计出的从轻到重的执纪体系。⑤"四种形态"的理念包括纪在法前，以马克思主义哲学观为指导处理好全面和少数、重点和一般、存量和增量的关系，以及分类施策、逐级递进、统筹推

---

① 蒋来用：《监督执纪"四种形态"的理论体系与战略价值》，载《河南社会科学》2018年第1期。
② 王田田：《监督执纪"四种形态"的法理基础与价值导向》，载《河南社会科学》2018年第1期。
③ 本书编写组编：《监督执纪"四种形态"40问》，中国方正出版社2019年版，第3页。
④ 任建明：《运用好监督执纪"四种形态"离不开纪法衔接》，载《中国党政干部论坛》2016年第1期。
⑤ 冯颜利：《监督执纪"四种形态"的内在联系》，载《人民论坛》2018年第34期。

进反腐败工作。① 既有观点认可纪在法前的合理性,但对纪在法前的逻辑、价值和运行合理性的讨论尚不充分。

(三)"四种形态"的实践运行

一是"四种形态"运行中的问题。经梳理各地纪检监察工作报告,"四种形态"运行中主要存在执纪执法者认识偏差、形态的转化缺少客观具体标准、同案但处理结果不同、形态运用不均衡等问题。有学者认为,办案人员工作方法简单可能导致形态运用不均衡,因此各级党委和纪委在适用"四种形态"的过程中,要谨防可能存在的种种误解和误判。②

二是准确适用"四种形态"的方法。各地纪检监察机关针对"四种形态"的适用提出了多样化的方案,包括把握政策策略、准确区分违纪与违法犯罪、持续深化"三转"等。有学者总结了"四种形态"运用中的问题和困难,提出严格形态适用标准、运用好形态转变等具体对策,并强调在确定适用何种形态时,要综合考察全案的事实、性质、情节,如果案件涉及多人,则要综合考虑每个人在违纪中的作用,注意定性量纪的均衡性。③

地方各级纪委在其工作报告中也提出了各类适用"四种形

---

① 师长青:《监督执纪"四种形态"——挺纪在前的理论创新和行动指南》,载《中国纪检监察》2015年第19期。
② 侯志忠:《党内监督视阈下监督执纪"四种形态"的多重维度研究》,载《贵阳市委党校学报》2017年第4期。
③ 任建明:《运用好监督执纪"四种形态"离不开纪法衔接》,载《中国党政干部论坛》2016年第1期。

态"时出现的问题和解决方案,大多以地方实践探索为提出依据,问题类型多样且解决方案极具针对性。

综上所述,实务界和学界对"四种形态"的历史渊源、内涵及理论基础、运行实践中的问题及解决方案进行了丰富的研讨,但仍有不足之处:

一是理论研究滞后于执纪执法实践及实务研讨,相关研究存在对文件或报告的重复解读问题,尤其对纪法关系问题缺少理论上成型的范式归纳和阐释。

二是对"四种形态"的分析停留于"是如此"且"应当如此"上,而对"为何如此"的讨论略显不足。监察改革后对"四种形态"的纪法结合研究有待深化,对各形态运行中的办案成本、资源瓶颈、制度约束的探讨尚显薄弱。

三是对"四种形态"历史发展脉络的梳理较为简单,多直接追溯至毛泽东的"治病救人"观点,缺少与改革开放后反腐理念的比较。对中华人民共和国成立以来"三反""五反""四清"等党内治理和反腐实践演进的总结也相对较少。

因此,本书将针对上述不足,在已经进行的研究的基础上开展后续探讨,以期推进"四种形态"相关研究的进一步发展。

第一章
"四种形态"与以政党为中心的腐败治理

"四种形态"形成于中国特殊的政治体制和社会环境之中。十八大之后,中央纪委提出运用"四种形态"推动反腐策略和反腐方法的转型,其中所涉及的政党反腐理论的继承和发展、内部各形态的关系和逻辑、历史起源及延续、政治话语体系构造、制度运行原理、主体责任和监督责任的交融,以及与"零容忍"传统党政反腐政策和刑事司法政策的关系等问题,均为当下需要深入研究的议题。

一、"四种形态"的提出过程及原因

(一)"四种形态"的提出过程

2015年9月24日至26日,时任中央纪委书记王岐山在福建调研并主持召开座谈会,听取党员和群众代表对修订廉政准则和党纪处分条例的意见建议。他强调,要在思想认识、责任担当、方法措施上跟上中央要求,把纪律和规矩挺在前面,把握运用监督执纪"四种形态",以严明的纪律推进全面从严治党。党内关系要正常化,批评和自我批评要经常开展,让咬耳扯袖、红脸出汗成为常态;党纪轻处分和组织处理要成为大多数;对严重违纪的重处分、作出重大职务调整应当是少数;而严重违纪涉嫌违法立案审查的只能是极极少数。这就是监督执纪"四种形态"的最早版本。

2016年10月,党的十八届六中全会审议通过了《中国共产党党内监督条例》,其第七条对"四种形态"重新进行了定义:党内监督必须把纪律挺在前面,运用监督执纪"四种形态",经常开展批评和自我批评、约谈函询,让"红红脸、出出汗"成为常态;党纪轻处分、组织调整成为违纪处理的大多数;党纪重处分、重大职务调整的成为少数;严重违纪涉嫌违法立案审查的成为极少数。这是"四种形态"的第二个版本。

2017年10月,党的十九大修改党章,第一次将"四种形态"写入党章。党章第四十条第二款规定:坚持惩前毖后、治病救人,执纪必严、违纪必究,抓早抓小、防微杜渐,按照错误性质和情节轻重,给以批评教育直至纪律处分。运用监督执纪"四种形态",让"红红脸、出出汗"成为常态,党纪处分、组织调整成为管党治党的重要手段,严重违纪、严重触犯刑律的党员必须开除党籍。

2018年10月修订的《中国共产党纪律处分条例》第五条新增了"四种形态"的相关内容,第一次将"四种形态"写入党纪处分条例,其内容和《中国共产党党内监督条例》一致,即运用监督执纪"四种形态",经常开展批评和自我批评、约谈函询,让"红红脸、出出汗"成为常态;党纪轻处分、组织调整成为违纪处理的大多数;党纪重处分、重大职务调整的成为少数;严重违纪涉嫌违法立案审查的成为极少数。

2021年12月,中共中央发布了《中国共产党纪律检查委员会工作条例》,其第三十一条对如何精准有效运用监督执纪"四种形态"作出具体规定。该条规定,党的各级纪律检查委员会围绕实现党章赋予的任务,坚持聚焦主责主业,履行监督、执纪、问责职责。坚持把监督作为基本职责,抓早抓小、防微杜渐,综合考虑错误性质、情节后果、主观态度等因素,依规依纪依法、精准有效运用监督执纪"四种形态":(一)党员、干部有作风纪律方面的苗头性、倾向性问题或者轻微违纪问题,或者有一般违纪问题但具备免予处分情形的,运用监督执纪第一种形态,按照规定进行谈话提醒、批评教育、责令检查等,或者予以诫勉。(二)党员、干部有一般违纪问题,或者违纪问题严重但具有主动交代等从轻减轻处分情形的,运用监督执纪第二种形态,按照规定给予警告、严重警告处分,或者建议单处、并处停职检查、调整职务、责令辞职、免职等处理。(三)党员、干部有严重违纪问题,或者严重违纪并构成严重职务违法的,运用监督执纪第三种形态,按照规定给予撤销党内职务、留党察看、开除党籍处分,同时建议给予降职或者依法给予撤职、开除公职、调整其享受的待遇等处理。(四)党员、干部严重违纪、涉嫌犯罪的,运用监督执纪第四种形态,按照规定给予开除党籍处分，同时依法给予开除公职、调整或者取消其享受的待遇等处理，再移送司法机关依法追究刑事责任。

2023年12月，中央政治局会议对《中国共产党纪律处分条例》进行了第三次修订。其中，第五条关于"四种形态"的定义做了修改：深化运用监督执纪"四种形态"，经常开展批评和自我批评，及时进行谈话提醒、批评教育、责令检查、诫勉，让"红红脸、出出汗"成为常态；党纪轻处分、组织调整成为违纪处理的大多数；党纪重处分、重大职务调整的成为少数；严重违纪涉嫌犯罪追究刑事责任的成为极少数。这是"四种形态"的第三个版本，也是截至本书出版前的最新版本。和第二个版本比，这一版本主要修改了三点。一是在"运用监督执纪'四种形态'"前面增加了"深化"二字，表明要向更深的阶段发展，从"运用"到"深化运用"；二是完善了第一种形态的表述；三是进一步明确第四种形态涉嫌犯罪要追究刑事责任。

2024年1月8日，中央纪委书记李希在二十届中央纪委三次全会上的工作报告中要求："以准确规范运用'四种形态'为导向严格纪律执行。准确把握政策策略，注重纪法情理贯通融合，把思想政治工作贯穿始终。加强对运用'四种形态'情况的动态分析与监督检查，及时发布典型案例，推动精准定性量纪执法。"中央纪委将规范化作为"四种形态"运行的新要求。

2024年7月，中共中央办公厅印发《纪检监察机关准确运用"四种形态"实施办法（试行）》。该办法首次以党内法规的形式对"四种形态"作出全面规定，是对"四种形态"的具体化、规范化、制度化,标志着"四种形态"形成了重要的制度成果。

监督执纪"四种形态"最早运用于纪委执纪,随着国家监察体制改革的推进,如今已成为监察执法的基本遵循。中央纪委对"四种形态"的运用方式也进行过多次调整,充分反映出对执纪执法规律的深刻认识(表1-1)。从实践到深化运用,到精准运用,再到准确运用,现在要求准确规范运用,用语的转变体现了中央纪委对"四种形态"运用方式和政策的调整,也表现出对"四种形态"适用规律的更精准把握。

表1-1 中央纪委关于"四种形态"运用的具体要求

2016年,王岐山在十八届中央纪委六次全会工作报告中要求:实践监督执纪"四种形态"。
2018年1月11日,赵乐际在十九届中央纪委二次全会工作报告中要求:深化运用监督执纪"四种形态"。
2021年1月22日,赵乐际在十九届中央纪委五次全会工作报告中要求:精准运用监督执纪"四种形态"。
2023年1月9日,李希在二十届中央纪委二次全会工作报告中要求:准确运用监督执纪"四种形态"。
2024年1月8日,李希在二十届中央纪委三次全会上的工作报告中要求:准确规范运用"四种形态"。

(二)"四种形态"的提出背景及原因

监督执纪"四种形态"的提出有其特殊的历史背景。它是新的历史时期党内监督特别是纪律审查的重大理论创新,具有重要战略意义和丰富实践价值。"四种形态"是全面从严治党的政策和策略,是"把纪律挺在前面"的具体化,体现了惩前惩后、治病救人的一贯方针。

第一，纠正要么是"好同志"、要么是"阶下囚"的状况。2015年9月，王岐山在福建调研时，专门提出必须改变要么是"好同志"、要么是"阶下囚"的问题，即纪委在调查腐败犯罪时，经常出现涉嫌严重违纪违法腐败犯罪的党员干部之前并无受处分记录的情况。事实上，许多领导干部是一路腐败、一路带"病"提拔，逐步发展为腐败的"大老虎"的。王岐山提出"四种形态"的要求后，地方纪委开始重视处理此问题。"原先，纪委在查处党员领导干部的时候，如果发现反映的情况不是特别严重，没有触犯国家法律，常睁一只眼闭一只眼，先去查问题更严重、涉案金额更大的。这样一来，一方面已经出现违纪苗头的人没得到组织的及时提醒和警示，容易进一步变本加厉滑向贪腐深渊；另一方面，被查处的贪腐分子往往已严重违法违纪，纪委经常'抢'了公检法的活儿。"①以海南为例，2012年至2015年，全省纪检监察机关给予轻处分1749人，占处分总人数的56.3%。其中，2012年224人，占49.1%；2013年387人，占47.3%；2014年787人，占59%；2015年575人，占60.3%，占比呈逐年上升趋势。②

第二，纪委在办案过程中存在重视大案要案、忽视轻微违法行为，长期经营线索等问题。"过去有一种倾向，纪委往往以办大案要案论英雄，只要领导干部不违法，违反纪律就是'小

---

① 姜洁：《抓早抓小，正在成为常态》，载《人民日报》2015年11月17日。

② 同上。

节',就没人管、不追究。长期对小问题视而不见,一处理就只能'算总账'。"① 这种以办案论英雄的业绩观,一方面造成地方纪委将过多精力用于查办大案要案,资源在监督执纪执法中分配不均衡,不利于监督工作的有效开展;另一方面,长期经营线索导致线索处置不及时,线索积压问题严重,不利于全面治理腐败。

第三,混淆反腐败、党风廉政建设和全面从严治党的关系。党风廉政建设和反腐败斗争是全面从严治党的重要组成部分,但绝不是全部,不能把全面从严治党等同于反腐败。党的十三大报告中使用"消极腐败"一词指称消极行为和腐败现象,这也表明反腐败针对的不仅是腐败犯罪,还包括违法及官僚主义等不正之风。走上反腐败制度建设之路后,"党风建设""廉政建设""廉洁政治"等反腐败相关术语先后出现,后来出现的"党风和廉政建设用语"也表明"党风廉政建设"与"反腐败"走向融合的趋势。除"反腐败斗争"的表述外,还存在其他相似的反腐败话语。例如,党的十三大报告中就有"反腐蚀"和"反对腐败的斗争"两种表述,最高人民检察院提出过"反贪污贿赂斗争"一词,此外还存在"反贪肃贿斗争"等提法。② 当时贪污贿赂案件在腐败案件中所占比重最大,最初是贪污案

---

① 《中纪委:过去纪委以办大案论英雄 小问题视而不见》,http://fanfu.people.com.cn/n/2015/1111/c64371-27803098.html,2024 年 10 月 6 日访问。

② 中共中央纪律检查委员会办公厅编:《省委书记谈党风与廉政》,法律出版社 1990 年版,第 33 页。

件多于受贿案件，之后受贿案件反超贪污案件。"在各种腐败现象中，突出的是贪污、受贿问题。据一些地方的调查统计，在经济案件中，贪污、受贿案件占50%以上；在县处级以上干部的违纪行为中，贪污、受贿案件的数量占第一位。"①

"反腐败斗争"一词的提出与贪污贿赂案件增多的时代背景有关。最早使用"反腐败斗争"一词的是原国务院监察部时任部长尉健行，他在1988年首次提出开展以反贪污受贿为重点的反腐败斗争，②后续在监察机关的多次会议上使用"反腐败斗争"一词。1991年4月，江泽民在全国党建理论研讨会中要求必须坚持不懈地开展反腐败斗争。③"反腐败斗争"最早是作为行政监察机关的一项业务工作被提出的，后来党和国家主要领导人将其视作党的重要工作内容之一，于是该词在党政文件中的出现次数增多，用语也逐步趋于统一。随着1993年中央纪委和原监察部开始合署办公，"党风建设和廉政建设""党风和廉政建设"等用语逐渐整合为"党风廉政建设"。如今，"党风廉政建设"已经成为一个标准术语。至于"反腐败斗争"和"党风廉政建设"的关系，尉健行早在1993年就进行了说明："反腐败和党风廉政建设是一个问题的两个方面，从反面讲是反腐败，从正面讲是党风廉政建设。工作重点中把反腐败作为

---

① 尉健行：《论党风廉政建设和反腐败斗争》，中央文献出版社、中国方正出版社2009年版，第34页。
② 同上书，第33页。
③ 本书编写组编：《新时期反腐败斗争大事记（1978.12—2003.12）》，中共党史出版社2005年版，第93页。

两个方面的任务提出,这样在执行政策方面更主动。"① 因此,反腐败斗争不仅是打击腐败,也包括建立防腐治腐的制度体系。反腐败斗争和党风廉政建设并非截然分立,而仅仅是侧重点不同,它们在中国特色反腐败制度框架中实现了有效融合。

第四,"四种形态"体现的严管和厚爱相结合,是对全面从严治党规律的深刻总结。严管是厚爱的重要前提,是党保持严密组织性、高度纯洁性的必然要求;厚爱则建立在严管的基础之上,是党具备强大凝聚力和向心力的重要保证,两者相辅相成、互促互进。纪检监察机关通过严管纠正党员干部的违纪违法行为,督促党员干部依法履职,本质上就是对党员干部的厚爱,能够激发党员干部的工作热情。

(三)"四种形态"在执纪执法体系中的定位

"四种形态"是一种纪检监察的政策策略,对追究党纪责任、实施党纪处分有宏观上的指导和调适作用,具体运用时要坚持具体问题具体分析,以事实和纪法这两个定量为基础,通过有效处置化解存量、强化监督遏制增量,最终实现政治效果、纪法效果、社会效果相统一。"四种形态"早期以工作要求的方式提出,其核心思想是从严治党要靠纪律管全党,把纪律挺在前面要靠坚强的党性和责任担当,发挥党的领导核心作用,

---

① 尉健行:《论党风廉政建设和反腐败斗争》,中央文献出版社、中国方正出版社 2009 年版,第 59 页。

落实管党治党主体责任，严明政治纪律和政治规矩、组织纪律。"四种形态"既是思想观念的创新，也是执纪监督方法的深刻变革，它在被提出后迅速对整个纪检监察理论和实践产生深刻影响。"四种形态"是根据不同类型、程度的违纪违法问题，分阶段、分层次设计的不同类别的处置方式，它是一套从轻到重的执纪创新理论体系，是全面依法治国背景下政党治理理念及实践的一次创新。①

党的十八大以来，以习近平同志为核心的党中央以上率下抓作风、雷霆万钧反腐败，提出一系列新理念新思路新举措。各级纪检监察机关贯彻党中央的部署要求，聚焦中心任务，全面履行职责，始终保持了惩治腐败的高压态势。党的纪律检查体制改革不断深化，党内法规制度建设不断健全，全面从严治党的体制越来越完善，成效越来越明显。这些成就的取得，根本原因在于遵循了中国共产党建设和中国特色社会主义建设的规律，顺应了党心民心，赢得了全党全社会的拥护和支持。对这些珍贵的探索实践应当从理论上予以总结归纳，以便用来更好地指导今后的工作。

"四种形态"就是四个层面的归纳，它高度概括了党的十八大以来反腐败的探索创新，体现了反腐败纲举目张、分类施策、逐级递进、统筹推进的战略考量，表明党中央在"四个全

---

① 张栋主编：《纪检监察理论与实务教程》，法律出版社2023年版，第47页。

面"战略布局下,更加注重把纪律和规矩挺在前面,更加注重提升党的自我净化能力。"四种形态"是四项要求,把"党内关系要正常化,批评和自我批评要经常开展,让咬耳扯袖、红脸出汗成为常态"的要求放在最前面,强调党要管党、从严治党是党组织的日常工作,批评教育、组织处理、纪律处分都是党章规定的主体责任,要发挥党的领导核心作用,落实管党治党的主体责任。四种不同形态的区分着眼于全党和党的建设全过程,使"好同志"和"阶下囚"之间有了带电的缓冲区,使"严管就是厚爱"的责任更加明确、要求更加具体、抓手更加精准,符合"祸患常积于忽微"的腐败发展规律,也符合权力监督的规律。

纪检监察机关作为履行监督责任的主体,就是要聚焦主责主业,进一步强化"纪律建设"思维,把真正管住纪律作为深化"三转"的方向,把"四种形态"要求落实到纪检监察具体工作中,既要严惩腐败,减少存量,遏制增量,也要横下一条心、驰而不息纠"四风",还要建立健全违反纪律和规矩问题的约谈和巡视、巡查机制,对发生严重违反政治纪律、政治规矩和组织纪律等案件的地方实行"一案双查",严肃问责。督促各责任主体在全面从严治党的战略部署中,把"四种形态"要求落实到全面从严治党的具体行动中。

二、腐败治理的两个维度：政党行为和国家行为

（一）国家治理体系中的腐败治理

法国哲学家福柯认为，西方从中世纪到20世纪经历了封建性领土主权的司法国家、边疆型领土主权的行政国家和依赖知识及知识经济的治理国家。福柯把治理理解为统领人的行为技术和程序。治理的形式多种多样，但可以归纳为三类：以道德为研究对象的自身治理、以家政学为研究对象的家庭治理和以政治学为研究对象的国家治理。[①] 法国政治社会学家莫里斯将历史长河中的人类社会组织形式分为部落、古代城邦、封建领地和民族国家，与之对应则有四种主要的治理模式：原始部落模式、古代自然国家模式、近现代主权国家模式、当代的多元治理模式。以上四种模式是按照组织权力来源进行划分的，如果按照统治阶层对被统治阶层行使权力的控制程度，又可以将国家治理的类型分为统治型、管制型、管理型和治理型。[②]

[①] 莫伟民：《从"解剖政治"到"生命政治"：福柯政治哲学研究》，上海人民出版社2017年版，第145页。

[②] 王晶：《人类命运：治理简史》，五洲传播出版社2019年版，第30页。

"治理"一词在中国古代文献中出现较早,《荀子·君道》中即有"莫不治理"的表述,此处的治理指的是政府的管理和统治。西方话语体系中的治理源于古希腊语,后被广泛运用于与国家公共事务相关的政治统治和管理活动领域。[①] 在西方国家,国家治理的产生常常伴随着善治的理念,国家治理应有良好的价值目标,良好的价值目标又依赖于良好的制度,即"好的制度是善治的基础"。现代国家治理的理念是20世纪90年代随着西方治理理念的兴起而出现的。有学者认为,国家治理的本质是通过其属性及职能的发挥,协调和缓解社会矛盾,以维持特定社会秩序。[②] 国内学者大多认为,国家治理体系是一系列国家制度的集成和总和,一般认为国家治理体系是党领导人民管理国家的一整套制度体系,包括了经济、政治、文化、社会、生态文明建设和党的建设等各领域体制机制、法律法规的安排。[③] 从内容上看,国家治理体系的基本结构可以采取横向的划分方法,即分为经济治理、政治治理、文化治理、社会治理和生态治理,并表征为这五个方面治理在体制机制方面的综合。学术界对国家治理体系的基本结构已达成共识,即制度是

[①] 王晶:《人类命运:治理简史》,五洲传播出版社2019年版,第31页。
[②] 李维安等:《从公司治理到国家治理》,江苏人民出版社2018年版,第153页。
[③] 关于国家治理的概念,国内学者从不同视角给出了解释,大多认为国家治理是一种综合性概念集合体。韩振峰:《怎样理解国家治理体系和治理能力现代化》,载《人民日报》2013年12月16日。江必新:《推进国家治理体系和治理能力现代化》,载《光明日报》2013年11月15日。马革:《如何理解推进国家治理体系和治理能力现代化》,载《政工学刊》2014年第2期。李抒望:《正确认识国家治理体系和治理能力的现代化》,载《时代主人》2013年第12期。

国家治理体系根本且不可或缺的内容。① 有学者认为，国家治理体系是政治权力系统、社会组织系统、市场经济系统、宪法法律系统、思想文化系统等构成的有机整体，这一有机整体由治理理念、治理制度、治理组织和治理方式这四个层次的内容构成。② 国家治理体系是一个制度体系，分别包括国家的行政体制、经济体制和社会体制；现代的国家治理体系是一个有机的、协调的、动态的和整体的制度运行系统。③

对国家治理体系基本结构的认识可以是多层次、全方位、多视角的。现代国家治理体系是一个系统，是一个具备整体性、协同性的有机体。按照国家和社会二元分立的学说，腐败的发生存在于国家和社会两个层面，虽然社会层面的某些较为轻微的腐败行为由社会主体自行治理，但社会层面的腐败如公司企业中存在的非国家工作人员行贿受贿等严重腐败行为同样受到国家法律的规制。腐败的发生具有层次性，涉及不同的领域，腐败治理是古往今来各个国家治理体系的重要组成部分。国内学者所主张的国家治理体系包括经济治理、政治治理、文化治理、社会治理和生态治理五个核心内容，腐败治理则跨越其中的多个治理层面，因为腐败治理不仅是政治领域的反腐败斗争和反腐败法治建设，还涉及反腐败文化和理念的倡导，以及对

---

① 郑吉峰：《国家治理体系的基本结构与层次》，载《重庆社会科学》2014年第4期。
② 许耀桐、刘祺：《当代中国国家治理体系分析》，载《理论探索》2014年第1期。
③ 俞可平：《推进国家治理体系和治理能力现代化》，载《前线》2014年第1期。

社会结构和经济结构的适当调整，是包括腐败治理理念、制度、组织和手段等在内的一个系统性工程。归根结底，腐败治理是现代国家治理体系的组成部分之一，不宜被直接划入国内学者所倡导的政治治理或社会治理等具体领域，而应当是跨越多个治理领域的国家治理的内容。

（二）二元层次划分：政党反腐和国家反腐

"政党制度指的是一个国家通过政党进行政治活动的方式或状态，是指国家法律规定或实际生活形成的政党的社会地位和作用，特别是政党执掌、参与或影响国家政权的具体体制和运行机制，包括与其他政党的相互关系的制度。"[①] 中国历史上原本没有"政党"的概念，"党"原指居民基层单位，后来引申为政治上有一定关系的人群，如朋党。[②] 一般认为，政党产生于近代，成熟于现代，近代政党与资产阶级革命和资本主义政治制度的建立及完善联系在一起。西方国家的政党最早产生于英国，17世纪英国资产阶级革命时，议会中形成了辉格党和托利党两个政治派别，这成为近代政党政治的发端。[③] 随着世界资本主义制度的进一步发展，其他资产阶级国家中的政党也建立起来，历经多次民主化浪潮，政党制度逐渐成为世界主流的政治制度。马克思主义政党理论认为，政党是代表一定阶层和阶

---

① 陈智平：《中西方政党制度功能比较及启示》，载《理论界》2011年第11期。
② 熊复主编：《世界政党词典》，红旗出版社1986年版，第1页。
③ 周平主编：《政治学导论》，云南大学出版社2007年版，第40页。

级利益,通过执掌和控制国家政权实现其政治纲领的组织。近代政党政治走向成熟的标志之一是政党制度和国家政权体系的融合,政党成为现代政治的核心。许多西方国家尤其是实行议会内阁制的国家,纷纷走上了政党国家的发展道路。① 其具体表征就是:政党国家化,即政党成为国家权力运行的实际核心;国家政党化,即国家的政治生活在许多方面是在政党意志与政党运作下展开的。②

作为现代社会的一种普遍社会现象,政党政治的运转有以下特征:一是政党是联系政府和社会的中介组织,政党不仅谋求对国家权力结构施加影响,谋求占据其中的职位,还谋求对社会施加影响,希望得到群众的支持;二是政党有明确政治纲领,政治纲领反映政党的性质、利益、目标和宗旨;三是政党有健全的组织系统和领导机构,如社会主义政党有严密的组织体系和纪律规范;四是政党与国家政权紧密联系,政党以掌握国家政权或参与国家政权为目标,这是政党区别于其他社会组织的重要特征。③

政党与国家政权存在密切联系,它在谋求控制国家政权的过程中,会发展出一套相对完整的内部组织体系,并掌握或控制一定的经济资产作为行动支持,这样难免就会出现内部人员

---

① 〔英〕杰弗里·巴勒克拉夫:《当代史导论》,张广勇等译,上海社会科学院出版社1996年版,第128页。
② 林尚立:《以政党为中心:中国反腐败体系的建构及其基本框架》,载《中共中央党校学报》2009年第4期。
③ 周平主编:《政治学导论》,云南大学出版社2007年版,第86—87页。

侵吞党内经费、滥用职权等违法违纪行为。而政党在控制国家政权之后，会向各个政府机关派出管理人员，全面控制国家的经济、文化等领域，政党和国家政权运行合为一体，此时会衍生出更多的腐败空间。因此，政党反腐是政党实现其政治纲领和保持执政地位的现实需求。政党反腐和国家反腐在许多场合是同步一致的，但两者又有相对明显的界分：第一，从腐败治理的目的层面看，政党反腐主要是维持自身组织的活力和公信力，为控制国家政权和维护执政地位提供保障；国家反腐则是为了维护政权体系的稳定性和安全性，在政党出现之前就已经长期存在，只是在政党政治成为主流之后，国家反腐的领导力量从过去的政权控制者变成了政党。第二，从腐败治理的方式看，政党反腐主要是通过党内纪律惩戒的方式实现的，由党内执行纪律的机构对违反党内纪律的党员实施相应的处罚措施，确保政党的团结和稳定；国家反腐主要采取法律手段，通过建立反腐法律体系、开展反腐教育宣传、设置反腐执法机关、调查公职人员的腐败行为、对腐败人员进行法律处罚等来实现。第三，从腐败治理的对象看，政党反腐主要针对的是党内成员。政党纪律具有闭合性且适用范围受限，非党员不受党内纪律的规范和约束；国家反腐则指向全体公民，任何人做出的行贿或其他职务违法犯罪行为，均受到国家反腐体系的规制。第四，从腐败治理的依据看，政党反腐的依据主要是组织规范，政党多以相应的内部规范约束党员，党员加入政党以认可和执行内部规范为前提，违反内部规范将面临处罚和惩戒；国家反腐则主要是依据立法机关制定的反腐法律法规。

（三）反腐败是党直接领导的政治工作

中国共产党领导的反腐败是一个以指导思想、基本原则、话语、手段、制度和规范等为要素的自成体系的系统工程。反腐败被视作一个系统工程，始于1992年党的十四大，标志性事件是反腐败斗争的政治话语定型及制度化。已有研究多采取广角视野，偏向对中共反腐败进行全过程的阶段划分。① 但这种划分分类标准多样，阶段周期和命名多样，难以形成共识。研究者对反腐败斗争的术语使用泛化，以期从广义上描绘中共在各个历史阶段的反腐败行为，却未注意该术语何时形成、从哪里起源、如何演化和发展、是否具有特定指向性。

偏重宏大视野下的阶段分类，会忽视重要历史节点的转型细节，反而不易归纳反腐败的历史变迁规律。基于1978年至1997年间发生的反腐败转型事件，以反腐败斗争的话语生成为线索，本部分将分析反腐败权力和制度的重构过程，并探讨以下几个主题：（1）在对腐败的认知上，如何从阶级分析框架中的"风腐不分"，将腐败归责于个人思想，发展到腐败成为一个相对独立的分析和治理对象。（2）在话语体系上，如何从"反腐蚀""反腐蚀斗争""反对腐败的斗争"发展为"反腐败斗争"。（3）在转型规律上，理念转变、反腐形势和重大历史事件的发生，是如何推动反腐败转型和制度再设计的。

---

① 常保国：《新中国成立70周年以来的重大反腐败斗争》，载《政治学研究》2019年第5期。

1. 反腐败体制重建后的制度惯性和路径依赖

在改革开放初期，腐败仍被视作一类党风问题，反腐败也没有脱离党风治理体系的范围，实践中以治风的手段来治腐。中共历史上形成的反腐治风方式尚未彻底退场，仍然在改革开放初期的反腐败实践中发挥作用。

（1）在党风体系中阐释腐败发生机理

党风和腐败在中共历史上曾是一对边界模糊的概念，"风""腐"之间存在共生、转化的关系。改革开放之初，腐败尚未完全脱离党风的范畴。现在研究者所使用的"违纪""职务违法"和"职务犯罪"等概念，在当时均可被纳入党风的概念体系。当时党风概念的范围和边界也不甚明确。1979年，时任中央纪委常务书记黄克诚在一次座谈会上对党风做了专门论述。他认为，党风是党的作风，共产党员的作风，包括思想、政治、工作、生活等各方面的作风。[①] 毛泽东最早使用"党风"一词，他在1942年发表的《整顿党的作风》中提出反对宗派主义以整顿党风的概念。[②]

中央纪委对党风相关理论和治理实践的探索长期处于前沿。党的十一届三中全会选举产生了以陈云同志为首的由一百人组成的中央纪律检查委员会。"纪律检查委员会的根本任务，就是

[①] 《邓颖超 黄克诚关于党风问题的讲话》，人民出版社1981年版，第17页。

[②] 中共中央纪律检查委员会研究室：《党的纪律检查工作讲话》，人民出版社1982年版，第1—2页。

维护党规党法，切实搞好党风。"① 1979 年 1 月，为筹备十一届中央纪委一次全会，黄克诚、王鹤寿专程向陈云请示纪委的工作任务和方针。陈云认为，中央纪委和各级纪委的工作指导方针是"抓党风，维护党规党法，整顿党风"②。1980 年 11 月，中央纪委召开第三次贯彻《关于党内政治生活的若干准则》座谈会，陈云在会上首次提出"执政党的党风问题是有关党的生死存亡的问题"③。黄克诚在这次座谈会上对党内不正之风的概念予以说明，他将不正之风解释为所有与党的优良作风、党中央和国务院有关规定相违背的现象。座谈会上有人质疑党内不正之风的提法，认为不正之风的用语太重了，党风问题不至于如此严重，纪委这是只抓小事不抓大事。黄克诚对此回应道："这几年党的作风虽有好转，但不正之风仍然很严重。"④ 1985 年 3 月，王鹤寿在全国纪检工作会议上提出辨别不正之风的三条标准：第一，是否有利于"四化建设"和符合国家利益；第二，是否属于以权谋私和严重官僚主义；第三，是否符合党性原则。⑤

---

① 中共中央文献研究室编：《改革开放三十年重要文献选编》，中央文献出版社 2008 年版，第 21 页。

② 黄克诚传编写组：《黄克诚年谱》，当代中国出版社 2018 年版，第 360 页。

③ 中共中央文献研究室编：《陈云年谱（修订本）》，中央文献出版社 2015 年版，第 298 页。

④ 《邓颖超 黄克诚关于党风问题的讲话》，人民出版社 1981 年版，第 18—19 页。

⑤ 李雪勤主编：《中国共产党纪律检查工作 60 年（1949—2008）》，中国方正出版社 2009 年版，第 144 页。

按照当时提出的不正之风界定标准,所有违反党内纪律、国家法律的行为都属于不正之风。在党的十三大报告首次承认党内存在腐败之前,腐败在中央领导讲话、党政文件中多以党风的形式出现。邓小平在1980年所作的《党和国家领导制度的改革》报告中曾谈及党风中的官僚主义问题,并列举了高高在上、人浮于事、滥用权力、徇私行贿、贪赃枉法等二十多类行为。① 这些行为中的行贿、贪赃枉法均属于违法犯罪,但由于1979年《刑法》尚未建立起专门的职务犯罪罪名体系,贪污、贿赂等犯罪散见于侵犯财产罪、渎职罪等罪名体系之中,因此党员干部如果涉嫌贪污、贿赂、走私等犯罪,会按照经济犯罪案件的管辖分工,由检察院、公安局等主管机关立案侦查。此外,由于全国性的整党活动还没有开展,未系统地清理政法机关内部的"三种人"②,因此政治上更为可靠的纪委也实际承担了组织协调打击经济犯罪的职责。打击经济犯罪活动与党风建设存在密切关联,黄克诚曾在1982年要求各级纪委把很大精力放在这项工作上,他表示,"抓这项工作也就是抓党风"。③

反腐败在当时之所以未成为一个相对独立的治理体系,与党内对腐败问题的认知有关,也受到传统腐败发生理论的影响。第一,现在以权钱交易为主要特征的腐败类型,在革命战争和

---

① 《邓小平文选(第二卷)》,人民出版社1994年版,第327页。
② "三种人"是指在党内追随林彪、江青反革命集团造反起家的人、帮派思想严重的人、打砸抢分子。中共中央文献研究室编:《十二大以来重要文献选编(上)》,人民出版社1986年版,第397—398页。
③ 黄克诚传编写组:《黄克诚传》,当代中国出版社2012年版,第582页。

中华人民共和国成立初期发生规模十分有限。在计划经济体制下,货币流通空间小,物资匮乏,市场经济活动不活跃,贪污贿赂型腐败尚未成为严重的社会问题,因此建立专门的反腐败体系的需求并不强烈。第二,阶级分析理论对腐败原因分析有持续影响,腐败被视作资本主义制度的产物。由列宁式政党领导的国家大多宣称社会主义制度不存在腐败,这一概念的源头是列宁在《帝国主义是资本主义的最高阶段》中关于资本主义和腐败的论述。他认为,腐败是寄生且腐朽的资本主义的一部分,随着"作为资本主义最后阶段"的帝国主义的结束,腐败也将消失。① 彼时,国内论者长期沿用此理论逻辑,认为腐败是"随着阶级和国家的出现而产生,其滋长、延续的总根源是剥削制度、剥削阶级思想和私有制"②。

既然社会主义制度与腐败天然不兼容,那么又如何解释改革开放后出现的腐败蔓延现象呢?当时的主流观点认为,在社会主义制度下,绝大多数党员能保持良好作风,但是仍有极少数党员的思想受到腐蚀而变质。腐蚀的来源主要是外部的资本主义腐朽思想和封建剥削思想。陈云多次强调要充分注意对外开放带来的消极东西,"一切向钱看"的资本主义腐朽思想会严重腐蚀党风和社会风气。③ 党的十二大报告总结了贪污腐化等党风问题的根源,认为主要在于"文革"的流毒还没有被肃

---

① 《列宁选集(第二卷)》,人民出版社2012年版,第575、704页。
② 北京大学纪律检查委员会等编:《反腐败纵横谈》,北京大学出版社1994年版,第39页。
③ 《陈云文选(第三卷)》,人民出版社1995年版,第356页。

清，党员干部受到封建主义和资本主义的腐蚀。①

在党风框架中，腐败的发生被归因于个人思想，理论逻辑是党员干部的思想在受到腐蚀后，未能抵御外部诱惑而变质。不正之风源自思想被腐蚀的逻辑阐释，在反腐败实践中逐渐发展为独具特色的话语体系：一是关于党风问题的类型，除"不正之风"之外，还出现"消极现象"的提法。消极现象是相对于违法行为而言的，主要指大吃大喝、送贵重礼品、以权谋私等行为。②"消极现象"后来改称为"消极行为"，成为之后常用的"消极腐败"一词的组成部分。二是在关于党风和腐败的治理方面，出现了许多新的反腐败话语。例如，邓小平在1980年召开的中央干部会议上，要求开展反对资本主义腐蚀的革命品质教育。③ 1982年2月11日，中共中央书记处在北京召开广东、福建两省打击经济犯罪座谈会，会议一致认为打击经济犯罪是反对资本主义思想腐蚀的斗争。④ 黄克诚在1983年为《保持共产党人的纯洁性》一书所作的序言中，提出要开展反腐蚀斗争。⑤ 1986年1月，中央书记处召开落实整党整风要求的中央机关干部大会，王兆国在会议上作了《关于中央机关端正党

---

① 中共中央文献研究室编：《十二大以来重要文献选编（上）》，人民出版社1986年版，第37、55—56页。
② 中共中央文献研究室编：《陈云传（四）》，中央文献出版社2015年版，第1750页。
③ 《邓小平文选（第二卷）》，人民出版社1994年版，第262页。
④ 中央纪委研究室编：《十一届三中全会以来党的纪律检查工作大事记》，中国方正出版社2008年版，第34页。
⑤ 黄克诚传编写组：《黄克诚年谱》，当代中国出版社2018年版，第402页。

风的问题》的讲话，"党内不正之风是一种消极现象，端正党风、纠正不正之风、清除腐败现象的方针是：一要坚决；二要持久"。这一时期的党政文件主要使用"不正之风"的概念，"腐败"一词的出现频率并不高，各项文件直到1986年前后才开始少量使用"腐败现象"等用语。文件中经常出现"反腐蚀""反腐蚀斗争"等话语，但用法并不统一，甚至同一个文件中会先后出现"反腐蚀斗争""反对资本主义思想腐蚀的斗争"等不同称谓。

（2）从"不搞运动"到有限的运动式治理

中共历史上的良好党风给经历过革命战争的领导人留下了深刻印象，良好党风被视作党的各项工作取得成功的保证。黄克诚在1979年十一届中央纪委一次全会的讲话中提道："在思想上，不少同志的革命精神远远比不上战争年代和建国初期"①。1986年1月17日，邓小平在中央政治局常委会上发言，要求中央书记处狠抓党风。"就是这样下决心抓，也要奋斗至少十年，才能恢复到五十年代最好时期的党风和社会风气"。② 但是党中央为恢复革命战争时期及中华人民共和国成立初期的优良党风所设定的目标期限却非常短。党的十二大报告要求在五年内实现党风的根本性好转，③ 中央纪委在1984年3月的工作

---

① 黄克诚纪念文集编委会编：《黄克诚纪念文集》，湖南人民出版社2002年版，第177页。
② 《邓小平文选（第三卷）》，人民出版社1993年版，第153页。
③ 中共中央文献研究室编：《十二大以来重要文献选编（上）》，人民出版社1986年版，第57页。

会议上更是进一步提出要使党风在当年有明显好转。①

要在如此短的时间内完成纠风目标，以短期见效著称的运动式治理几乎成为必然选择。从实践看，改革开放初期的纠风主要包括整党整风和打击经济犯罪两类，二者均有一定的运动治理色彩，均由中央制定计划，自上而下在全国发动，并在短期内集中、突击整顿了某类党风问题。

在整党整风方面，一般先由中央发布治理某类党风问题的通知，地方随之进行部署并在短期内突击治理。以辽宁省营口市为例，中央文件要求该市在1979—1980年重点纠正挥霍浪费、大吃大喝、请客送礼、公款旅游等不正之风，在1981年治理商品流通领域的"关系户""走后门"现象，在1982—1984年整治"农转非""乡进城"、招生、招工、转干等人事工作中的不正之风，在1984—1986年重点打击倒买倒卖、乱涨价、党政机关干部经商办企业等不正之风。② 1982年，党的十二大报告正式提出在全国开展整党；次年，中共中央成立了整党工作指导委员会，负责整党工作的计划制定及安排部署，并分三期开展全国性整党整风。这是党内最后一次以"整党""整风"命名的党风治理行动。

在打击经济犯罪方面，实行开放、"搞活"政策后，东南沿海城市的走私贩私活动愈发猖獗，许多党员干部参与其中。

---

① 中央纪委研究室编：《十一届三中全会以来党的纪律检查工作大事记》，中国方正出版社2008年版，第62页。

② 中共营口市纪律检查委员会等编：《反腐史鉴：建国以来营口市的反腐败斗争》，党建读物出版社1997年版，第22—24页。

1981年3月27日，国务院、中央军委发出《关于坚决打击走私活动的指示》，要求在东南沿海的执法部门开展联合缉查行动。在陈云等中央领导的关注和推动下，中共中央书记处在1982年1月11日发出紧急通知，要求各地立即采取紧急措施打击走私贩私、贪污受贿等违法犯罪活动。时隔数月，全国人大常委会通过《关于严惩严重破坏经济的罪犯的决定》，中共中央、国务院发出《关于打击经济领域中严重犯罪活动的决定》，开启全国范围内严厉打击经济犯罪活动。

这一系列的全国纠风在1987年结束。虽然相关总结中认为这次整党没有采取过去那种大鸣大放、大搞"群众运动"的方式，① 但实际上所采取的整风和打击经济犯罪行动均有一定的运动式治理色彩。然而相比于过去，这次的纠风是由中央机关统一领导，自上而下发动，事先制定计划和步骤，并由主管职能机关落实推进的，整顿活动被控制在特定领域、行业和范围内，群众参与的规模、层次和深度相对有限。

（3）路径选择的动因和缺陷

"今日的形势决定明日的制度，制度是从过去演变而来，除非受到当下环境的压迫，否则不易改变，而变革的动力来自人口、技术、经济和知识的变化。"② 改革开放后的社会结构、经济体制、民众思想等快速改变，腐败发生状况也与过去大不相

---

① 中共中央整党工作指导委员会办公室编：《第三期整党重要文件与资料》，人民出版社1988年版，第28页。
② 〔美〕凡勃伦：《有闲阶级论》，蔡受百译，商务印书馆1964年版，第139页。

同，但腐败治理模式却未立即转变。沿用过去的治理方式有其历史和现实的动因。

第一，强制度结构运行中存在路径依赖。新制度主义中的"结构中心论"强调历史制度遗产对制度变迁具有决定作用，制度运行中存在路径依赖现象，决策是特定制度环境的产物。① 制度结构有强弱之分，当国家和社会有一个强有力的中心信仰或意识形态，而制度结构能将此意识形态施加于决策者身上，则更容易出现制度依赖。② 一种政策方案的选择和实施受制于现有的政策制定模式，改革开放和"搞活"政策带来了经济发展方式等转变，但这些转变产生影响则还需要经历一个过程。"文革"结束后，基础性的国家管理制度和体制处于恢复和强化期，强有力的中心意识形态影响着各个领域，决策者倾向于从过去的经验中寻找治理之策。路径依赖表现之一是治理逻辑的延续，即党风影响党群关系和党的执政地位；首先管好党，才能管好国家，进而解决社会各类问题；党是社会的表率，搞好党风，则搞好社会风气。表现之二是集中力量开展全国性整治行动，以"战役""突击"方式治理某类社会问题。这两种治理逻辑对后续反腐败的开展有持续的影响力。

第二，中共强大的动员能力是运行基础。中共在革命战争

---

① William Roberts Clark, Agents and Structures: Two Views of Preferences, Two Views of Institutions, *International Studies Quarterly*, 1998, 42 (2), pp. 245-270.

② Myeong-Gu Seo, W. E. Douglas Creed, Institutional Contradictions, Praxis, and Institutional Change: A Dialectical Perspective, *Academy of Management Review*, 2002, 27 (2), pp. 222-247.

中建立了集中统一、纪律严明的组织体制，并在中华人民共和国成立后继续维持着这一稳固的组织关系，这强化了党的组织动员能力。改革开放后，运动式反腐逐步退场，但新的反腐败体制还在探索过程中。以中共动员能力为保障的集中突击整治，在当时不失为一个应急的高效手段。这种集中整治模式日后逐步走向专业化和法治化。

第三，缺少治理工具的现实压力。在反腐败机构的重建或筹建阶段，反腐败法律体系缺失，可用的反腐败工具严重不足。即使是1979年重建的中央纪委也遇到缺少干部、缺乏线索等问题。彼时，许多中央纪委委员是兼职委员，年龄较大，无暇顾及、考虑中央纪委的工作。① 黄克诚认为，各级纪委之间的联系较差，要求中央纪委同新华社、人民日报社等媒体建立联系，以便获得案件线索和信息。② 在这样的背景下，沿用过去的治理方式具有现实必要性。

然而，从历史经验中总结出来的腐败治理方式，在改革开放时期却遇到质疑。其主要问题在于，以恢复过去特定历史时期的优良党风为目标，而未考虑改革开放后的大环境及个人思想观念的转变，以致纠风和整风的目标难以适应改革开放阶段反腐败的新需求。在1983—1987年的三年整党时期，旧的不正之风难以根治，新的不正之风又不断出现。1982年严厉打击经济犯罪行动在短期内查办了大量案件，但此后数年，党员干部

---

① 王子君:《黄克诚在中央纪委》，人民出版社2019年版，第6页。
② 黄克诚纪念文集编委会编:《黄克诚纪念文集》，湖南人民出版社2002年版，第190—191页。

涉嫌违法犯罪的金额、涉案官员的人数和级别又开始上升。1986年10月，王鹤寿在十二届中央纪委八次全会的讲话中表示："尽管我们处理了这样大量的案件，党内和社会上的不正之风还是一浪接一浪，甚至有的同志说，一浪高过一浪。不管说法如何，但总是此起彼伏，纠而复生。抗日战争八年胜利了，可是抗'歪风邪气'这八年来还不能说是根本好转。究竟原因在哪里？不能说我们的同志不努力，也不能说我们处理案件不严肃。这就使我们不得不认真思考一下这个问题。"① 正是对这一问题的思考，推动了反腐败理念和方式的适时转型。

2. 冲突和调适：过渡期的反腐败体制调整

党的十三大开启了全面改革的新阶段，腐败治理思路、方式和体制机制在浓厚的改革氛围中发生转变。这一时期，反腐败理念快速转变，不稳定性陡增，表现为，部分制度设计具有开创性，却仅持续数年，即为新的制度所取代。过渡性是该阶段反腐败制度建构的主要特征。

（1）反腐败在重要历史阶段的政治升格

制度系统变迁的动力来自制度所面临的危机，危机在内部表现为制度需求与制度供给之间的矛盾，在外部则是经济活动、人们生活方式和思维习惯等改变所带来的压力。危机形成后，难以预测的突发情况会刺激和加速制度变迁。② 恢复和重建被

---

① 李雪勤主编：《中国共产党纪律检查工作60年（1949—2008）》，中国方正出版社2009年版，第157页。

② Paul Pierson, Increasing Returns, Path Dependence, and the Study of Politics, *American Political Science Review*, 2000, 94 (2), pp. 251-267.

"文革"破坏的反腐败制度体系，需要一个较长的过程，这一时期反腐败制度面临着供需危机。在党风治理框架中进行反腐败也遇到工具效用的质疑，最直接的体现是治理手段用尽，腐败问题却有蔓延之势。

20世纪80年代中后期，民众生活受到物价上涨过快等经济现象的影响，对"官倒"等腐败问题的不满也在积聚。反腐败在当时已经成为社会各界的共识，反腐败转型的动力已经形成。转变的起点是腐败开始被视作一个相对独立的治理对象。党的十三大报告中指出，党内存在腐败，党内反对腐败的斗争是不可避免的。① 这是党代会报告中首次提出党内存在腐败，而在之前的党政文件中，较少出现"腐败"一词。从党内认为"不正之风"的提法过重，到邓小平在1980年中央工作会议上提出"党内确有不正之风"②，再到十三大报告中提出党内存在腐败，反映出党内对腐败的认识愈发深刻。这也为探索相对独立的腐败治理体系提供了认识论基础。

腐败从党风认识框架中相对分离，反腐败的政治定位不断升格。自十三大报告直面党内腐败问题之后，"腐败"一词在中央文件中的出现频率大幅上升。在这个时期，邓小平对"两手抓"的表述作了调整，新的表述为，"一手抓改革开放，一手抓惩治腐败"③。1989年6月召开的中共十三届四中全会要求

---

① 中共中央文献研究室编：《十三大以来重要文献选编（上）》，人民出版社1991年版，第8、53页。
② 《邓小平文选（第二卷）》，人民出版社1994年版，第366页。
③ 《邓小平文选（第三卷）》，人民出版社1993年版，第314页。

加强党的建设，坚决惩治腐败。①同年7月，中共中央政治局讨论通过《中共中央、国务院关于近期做几件群众关心的事的决定》，要求各级领导干部近期要做七件事，其中一件便是"严肃认真地查处贪污、受贿、投机倒把等犯罪案件"②。此后，中共中央、国务院以及中央纪委等不断出台关于反腐败的文件，主要是要求加大惩治腐败的力度。领导集体对反腐败的定位也有了全新审视。江泽民在1991年建党七十周年大会上表示："如果听任腐败现象发展下去，党就会走向自我毁灭"③。

在党风统摄腐败的理论框架中，腐败发生主要被归咎于党员干部的思想被腐蚀，治理之策是通过纠风和教育，以恢复过去的良好作风。这种解释逻辑没有用发展的视角看待腐败发生的机理。不同历史时期的社会经济环境、人的思想观念和腐败特点存在差异，改革开放后的腐败诱因已不同于计划经济时期。随着不正之风纠而复发所引起的反思，对腐败发生机理的认识，也不再局限于个人思想因素，而开始关注到腐败发生的外部环境。中央书记处在1987年12月召开党风建设座谈会，会上提出不能拿封闭的观点看待新形势下出现的新问题，不能笼统说现在的党风比过去差了，不能简单类比"根据地"时期和"五十年代"的党风，要认真研究现阶段用什么办法才能限制消极

---

① 中共中央文献研究室编：《十三大以来重要文献选编（中）》，人民出版社1991年版，第545页。
② 同上书，第555—560页。
③ 中共中央文献研究室编：《十三大以来重要文献选编（下）》，人民出版社1991年版，第1655页。

的东西。会议认为，在新旧体制交替过程中，法治不健全、政策不配套、调节机制不完善、机会不均等，以及党员干部思想被腐蚀是不正之风和腐败现象滋生的重要原因。①1989年7月1日，尉健行在派出监察机构负责同志座谈会上表示，腐败滋生的原因包括政企不分、物资匮乏、价格双轨制、制度不健全以及对外开放后带来的腐朽、落后、消极的东西。②党内对腐败发生机理认识的转变，为腐败治理方式转型提供了理念支持。

（2）反腐败目标模式的阶段性转型和话语重构

十三大提出的政治经济体制改革设想引发了反腐败体制的调整，反腐败理念、思路和手段随之发生改变。考察十三大前后开始的反腐败转型，以目标预期、治理导向和治理方式为分析中心，可以对此次转变有更进一步的认识。

第一，不再设立短期根治的目标。中央纪委曾在1984年要求实现党风在当年有明显好转，但不正之风反而愈演愈烈，造成纪委工作的被动。1987年3月，时任中央纪委常务书记韩光在全国纪检工作会议上主张以后不再讲"根本好转"，"我们不可给自己画个圈子，把自己圈在里面走不出来"③。不正之风和腐败现象的出现涉及历史、现实和文化等方面的因素，设立短期根治的目标，不仅实现难度大，而且易催生运动式治理。因

---

① 李雪勤主编：《中国共产党纪律检查工作60年（1949—2008）》，中国方正出版社2009年版，第178页。

② 尉健行：《论党风廉政建设和反腐败斗争》，中央文献出版社、中国方正出版社2009年版，第57页。

③ 李雪勤主编：《中国共产党纪律检查工作60年（1949—2008）》，中国方正出版社2009年版，第157页。

此，十三大报告没有再提党风根本好转，而是指出解决党风问题是一项长期的经常的工作，"必须把反腐蚀寓于建设和改革之中"。

第二，从有限的运动式治理向综合治理转向。运动式治理受到质疑后，逐步从腐败治理体系中退场。十三大报告中明确提出："在新的历史条件下，在党的建设上走出一条不搞政治运动，而靠改革和制度建设的新路子。"① 1988年3月，乔石在十三届中央纪委二次全会上提出："党风建设必须持之以恒，作为经常性工作，不采取搞运动、搞突击的办法。"② 在1987年全面启动的政治经济体制改革的背景下，制度在反腐败中的作用愈发受到重视，"两公开、一监督"③ 等廉政制度先后推向全国。尉健行在1991年第三次全国监察会议上提出，"反腐败是个战略问题，需要在党委和政府的统一领导下，运用法律的、行政的、制度的、纪律的、教育的手段，进行综合治理。"④ 总体上看，此时，运动式治理色彩开始消退，治理手段变得多元化，但尚未形成健全的综合治理体系。

第三，在国务院提出廉政建设概念后，党风建设和廉政建

---

① 中共中央文献研究室编：《十三大以来重要文献选编（上）》，人民出版社1991年版，第54页。
② 乔石：《乔石谈党风与党建》，人民出版社2017年版，第110页。
③ 1988年5月，中共中央领导部署在上海、北京试点"两公开一监督"制度，主要做法是办事制度公开，办事结果公开，由民众通过举报、媒体等形式监督。此后，该制度在全国推广开来。中共东城区委、东城区人民政府：《在"两公开一监督"的基础上大力推进廉政建设》，载《学习与研究》1990年第9期。
④ 尉健行：《论党风廉政建设和反腐败斗争》，中央文献出版社、中国方正出版社2009年版，第103页。

设并行的格局形成，之后两者从分离走向整合。制度建设开始成为重要的腐败治理手段，党风建设和廉政建设均在此时进入治理体系。两者的定位及相互关系成为困扰后续改革的核心问题，也是理解此次转型的重要线索。

第一个转变：治理党风从"端正"到"建设"的转变。在全国整党整风后期，党风治理开始从端正党风转向党风建设。时任国务院副总理乔石在1986年9月8日的端正党风座谈会上已经提出要加强制度建设。①"党风建设"逐步替代"端正党风"的提法，成为通用的党风治理用语。

第二个转变：廉政建设进程开启，党风建设和廉政建设分离运行。十三大召开之前，廉政改革方案提出，由国务院主管廉政，纪委主管党风，两个机关职能分离。廉政工作具体交给1986年恢复重建的监察部负责。1988年，党中央提出，国家机关要保持廉洁，随后时任中央纪委书记乔石提出，党的机关也要保持廉洁，此后的公开提法即党政机关要保持廉洁。②廉政建设提出后遇到两个问题：一是廉政工作在党领导的各项工作中如何定位；二是廉政建设和党风建设是什么关系。关于第一个问题，廉政工作提出后，立即被置于重要地位。中共中央在1988年6月1日发出通知，要求党和国家机关必须保持廉洁，"党和国家的各级领导机关，必须把廉政工作作为一件大事摆到重要议事日程上……廉政工作是经常性的工作，应充分发挥

---

① 乔石：《乔石谈党风与党建》，人民出版社2017年版，第67页。
② 同上书，第131页。

国家监察机关、审计机关、司法机关和党的纪检机关的作用"。① 这段时间,廉政建设出现在党政文件和报刊中的频率一度超过党风建设。1989年11月召开的中共十三届五中全会提出"切实加强廉政建设和党风建设"②,廉政建设极其少见地被置于党风建设之前。关于第二个问题,按照十三大报告提出的党政职能分开的改革规划,纪委专注管党风,监察工作由行政监察机关负责,党风建设和廉政建设实行分离运作。1989年6月24日,十三届中央纪委四次全会的工作报告提出,各级纪检机关要加强党风党纪建设。③ 而国务院监察部门以及许多省委的反腐败工作报告中则仅提及廉政建设。④

第三个转变:党风建设和廉政建设开始走向整合。纪委和行政监察机关各管一块,"党要管党"有变为"党只管党"的倾向,不符合十三大确定的体制改革目标。1989年以后,纪委和行政监察机关开始探索业务协作,党风建设和廉政建设融合的趋势初显。当时已有观点认为廉政是党风建设的内容之一。1990年7月,中南、西南、西北地区纪检工作座谈会在兰州召开,时任中央纪委副书记陈作霖提出要把党风和廉政建设这项

---

① 中共中央文献研究室编:《十三大以来重要文献选编(上)》,人民出版社1991年版,第248页。
② 同上书,第677页。
③ 中央纪委研究室编:《十一届三中全会以来党的纪律检查工作大事记》,中国方正出版社2008年版,第123页。
④ 中共中央纪律检查委员会办公厅编:《省委书记谈党风与廉政》,法律出版社1990年版,第32页。

工作抓好。① 1991年2月19日，时任国务院秘书长罗干在纠正行业不正之风的"南昌会议"筹备讲话中，要求这次会议及以后类似会议都请中央纪委的同志参加。②

与此同时，反腐败转型中的话语体系也在进行重构，现今仍在使用的许多高频词汇大多形成于该阶段。十三大报告中使用了"消极腐败"一词，指称消极行为和腐败现象，这表明反腐败不仅针对腐败犯罪，也包括违法及官僚主义等行业不正之风。十三大报告首次提出的"从严治党"也沿用至今，成为一个重要方针。自开启反腐败制度建设后，"党风建设""廉政建设""廉洁政治"等反腐败相关术语相继出现，后来出现的"党风和廉政建设"等词则表明两者有走向融合的趋势。

此时，"反腐败斗争"的表述已经出现，但还存在其他相似的用语。十三大报告中就有"反腐蚀"和"反对腐败的斗争"两种表述，最高人民检察院提出开展"反贪污贿赂斗争"，此时也存在"反贪肃贿斗争"等提法。③ 当时贪污贿赂案件在腐败案件中所占比重最大，最初是贪污案件多于受贿案件，之后受贿案件反超贪污案件的数量。"在各种腐败现象中，突出的是贪污、受贿问题。据一些地方的调查统计，在经济案件中，贪污、受贿案件占百分之五十以上；在县处级以上干部的违纪

---

① 中央纪委研究室编：《十一届三中全会以来党的纪律检查工作大事记》，中国方正出版社2008年版，第139页。
② 国务院纠正行业不正之风办公室编：《纠风工作年鉴（1990—1997）》，中国方正出版社1998年版，第62页。
③ 中共中央纪律检查委员会办公厅编：《省委书记谈党风与廉政》，法律出版社1990年版，第33页。

行为中,贪污、受贿案件的数量占第一位。"① "反腐败斗争"一词的提出与贪污贿赂案件增多的时代背景有关。最早使用"反腐败斗争"一词的是原国务院监察部时任部长尉健行,他在1988年全国监察工作会议的报告中,首次提出开展以反贪污受贿为重点的反腐败斗争,② 后来他多次在监察机关的会议上使用"反腐败斗争"一词。1991年4月,江泽民在全国党建理论研讨会中要求,"必须坚持不懈地开展反腐败斗争"③。反腐败斗争最早作为行政监察机关的一项业务工作被提出,后来党和国家主要领导人将其视作党的重要工作内容之一,于是该词在党政文件中的出现次数增多,用语也逐步趋于统一。

(3)反腐机关的过渡性调整与职能冲突

中国的反腐败转型是一个计划内的理念、组织和制度变革,基础性的党政体制框架划定了改革的边界,社会主义党风党建、党群关系等理论强力且持续地影响着反腐败理念的演变,任何变革都无法脱离既定的计划和框架,这是理解中国反腐败转型的最大现实。十三大开启的体制改革引发了反腐败权力格局的调整。检察院继续承担经济犯罪侦查职责,但工作重心自1989年后转向侦办贪污、贿赂犯罪。权力格局的变动主要发生在纪委和行政监察机关之间。

---

① 尉健行:《论党风廉政建设和反腐败斗争》,中央文献出版社、中国方正出版社2009年版,第34页。
② 同上书,第33页。
③ 本书编写组编:《新时期反腐败斗争大事记(1978.12—2003.12)》,中共党史出版社2005年版,第93页。

第一个调整是纪检、监察两项职能完全分离。纪委只管党纪，不再承担其他非执纪职能，纪委代管的监察权移交给国家机关的监察部门。十三大报告提出："党的纪律检查委员会不处理法纪和政纪案件，应当集中力量管好党纪，协助党委管好党风。"① 1988年3月，中央纪委和原国务院监察部联合发布《关于党的纪律检查机关和国家行政监察机关在案件查处工作中分工协作的暂行规定》，正式明确纪委根据党章及有关规定，检查处理党员违纪的案件；国家行政监察机关按照法律、法规和政策，对监察对象违反政纪的案件进行处理。按照纪委只管党纪的要求，纪委从其他非执纪业务中退出，如地方纪委在1987年后将打击经济犯罪活动办公室移交给地方检察院。②

第二个调整是纪委组织体制的缩减。党的十三大要求国家机关中设立的党组或党委应逐步撤销，党中央要求中央纪委提出具体的党政职能分离改革方案。1988年3月，时任中央纪委书记乔石在十三届中央纪委二次全会上，要求中央和地方各级纪检机关派驻政府各部门和国家有关部门的纪检组要逐步撤销。③ 此后，党组纪检组和中央纪委派驻纪检组被一并撤销。中央机关中除了中央纪委派驻海关总署纪检组，其他派驻纪检组全部被撤销，但民航局、铁道部、外交部的纪委被保留下来，

---

① 中共中央文献研究室编：《十三大以来重要文献选编（上）》，人民出版社1991年版，第37页。
② 中共宁波市纪律检查委员会、宁波市监察局：《宁波市纪检监察史（1979年—1996年）》，人民出版社1997年版，第21页。
③ 乔石：《认真贯彻党的十三大精神，努力做好纪律检查工作》，载《党风与党纪》1988年第7期。

公安部、国安部设立了纪委。改革之后的全国纪检机构数量为90948个,比改革前减少1006个;专职纪检人员从24万人缩减为21万人;中央国家机关纪检组从63个减少为14个,人员从788人减少为147人,地方及企事业单位中纪检组数量减少超过20%。① 此时,国家行政监察机关的数量则不断扩张,并在1987年后逐步建立覆盖全国的行政监察体系。

这是改革开放以来少见的一次纪检组织体系的缩减,对纪检监察体系建设和反腐败效率均有影响,纪检人员的思想受到冲击,以致对党风建设、纪检工作的认识出现反复。② 反腐实践中甚至出现"淡化党风论",许多地方省委机关的讲话中只提廉政建设,不提党风建设,③ 党风建设在短期内出现弱化的趋向。

纪检、监察两项职能分离之后,中央纪委和原国务院监察部已经意识到公职人员和党员的身份高度重合,必然造成两机关的业务冲突,所以立即制定了相关业务协作规范。然而,受复杂的党员干部管理体制制约,两机关仍然无法解决重复调查、重复设置办事机构、党纪政纪程序对接不畅、办案推诿等问题。④ 1987年的纪检体制改革让纪法体制彻底分开,职能机关

---

① 李雪勤编:《探索与辉煌——建国以来中国共产党纪律检查工作及其基本经验》,中国方正出版社1999年版,第261页。
② 中共中央纪律检查委员会办公厅编:《保护、惩处、监督、教育——1989年全国纪检工作会议材料汇编》,人民出版社1989年版,第28页。
③ 中共中央纪律检查委员会办公厅编:《省委书记谈党风与廉政》,法律出版社1990年版,第76、167页。
④ 尉健行:《论党风廉政建设和反腐败斗争》,中央文献出版社、中国方正出版社2009年版,第146—147页。

的定位从党、政两个层面分离，纪法两类程序完全独立运行，但新的权力运行格局与党政高度一体的基础体制产生了冲突，未能实现提升反腐败效率的目标。面临严峻的反腐败形势，改革的回调成为必然。

3. 稳步探索的起点："反腐败斗争"的提出与制度化雏形

1992年召开的党的十四大提出建立社会主义市场经济体制。党的十四届三中全会通过的《关于建立社会主义市场经济体制若干问题的决定》提出："加强廉政建设、反对腐败是建立社会主义市场经济体制的必要条件和重要保证。"① 反腐败如何与建设社会主义市场经济体制相适应，成为新的时代命题，解题的新思路则是在中国特色社会主义制度框架中，建立自成一体的反腐败制度体系。1992—1997年发展成型的反腐败斗争制度框架，正是回应时代命题的实践，中国自此进入了一个相对稳定的反腐败探索期。

（1）反腐败斗争的话语定型

进入20世纪90年代，反腐败的压力有增无减。全国政协法制委员会在1992年的廉政调查报告中表示："人民最不满意的事，归根结底还是腐败问题。"② 1993年，时任中央纪委书记尉健行在十四届中央纪委二次全会上做工作报告并指出："大要案呈上升趋势，违纪违法金额在百万元以上的大案有增无减，

---

① 中共中央文献研究室编：《十四大以来重要文献选编（上）》，人民出版社1996年版，第544页。

② 全国政协秘书局等编：《中国人民政治协商会议第七届全国委员会调查报告选编》，中国文史出版社1993年版，第454页。

县处级以上领导干部违纪违法的案件比例增大,以权谋私的消极腐败现象滋长蔓延,部分地区和部门的反腐败形成了气候。"①

腐败的高发持续引起了党和国家领导人的关注,反腐败在党内凝聚为共识,"反对腐败,确实已经到了非下大决心不可的时候了"②。邓小平在南方谈话时强调:"在整个改革开放过程中都要反对腐败。"③ 1992年召开的十四大报告进一步提出:"坚持反腐败斗争,是密切党同人民群众联系的重大问题……在改革开放的整个过程中都要反腐败……"④ 这是党代会报告中首次提出开展"反腐败斗争","反腐败斗争"正式成为一个标准的政治术语,此后在党政文件中的使用全面统一。自十四大提出开展反腐败斗争的重大决策以后,反腐败斗争的政治定位不断升格。党的十四大修改的党章中首次加入"坚持不懈地反对腐败,加强党风建设和廉政建设"等内容。⑤ 时任中共中央总书记江泽民在1993年召开的十四届中央纪委二次全会上提出,必须把反腐败作为一项重大政治任务抓好。⑥ 1992—1997

---

① 中央纪委办公厅、中央纪委研究室编:《党的十四大以来中共中央纪律检查委员会历次全会工作报告汇编》,中国方正出版社2005年版,第23—24页。
② 中共中央文献研究室、本书编写组:《三中全会以来重大决策的形成和发展》,中央文献出版社1998年版,第626页。
③ 《邓小平文选(第三卷)》,人民出版社1993年版,第379页。
④ 中共中央文献研究室编:《十四大以来重要文献选编(上)》,人民出版社1996年版,第42页。
⑤ 同上书,第55页。
⑥ 中共中央纪律检查委员会研究室编:《坚定不移反腐败——中央纪委二次全会专辑》,中国方正出版社1993年版,第7页。

年的中央纪委全会报告均以反腐败斗争为汇报的主线，报告按照反腐败斗争的工作总结、形势现状和未来部署的脉络展开。1992年之前的中央纪委全会报告以党风党纪、打击经济犯罪为主要内容，1992年之后则全面转向反腐败斗争这个主题，报告内容的转变释放出一个重要信号，即中央纪委开始把反腐败斗争作为工作重心。在此阶段，最高人民检察院每年向全国人大所作的年度工作报告同样将反腐败斗争的情况作为首要汇报内容。1997年1月，江泽民在十四届中央纪委八次全会上进一步提出："反腐败斗争是关系党心民心、关系党和国家命运前途的严重政治斗争。"① 从重大决策到重大政治任务，再到关系党和国家前途命运的严重政治斗争，反腐败斗争的政治定位被提升至前所未有的层次。

随着1993年纪检监察实行合署办公，"党风建设和廉政建设""党风和廉政建设"等整合为"党风廉政建设"，并成为一个沿用至今的标准术语。至于反腐败斗争和党风廉政建设是什么关系，尉健行在1993年进行了最早的界定："反腐败和党风廉政建设是一个问题的两个方面，从反面讲是反腐败，从正面讲是党风廉政建设。工作重点中把反腐败作为两个方面的任务提出，这样在执行政策方面更主动。"② 因此，反腐败斗争不仅是打击腐败，也包括建立防腐治腐的制度体系。反腐败斗争和

---

① 中共中央文献研究室编：《十四大以来重要文献选编（下）》，人民出版社1999年版，第2270页。
② 尉健行：《论党风廉政建设和反腐败斗争》，中央文献出版社、中国方正出版社2009年版，第59页。

党风廉政建设的工作侧重点不同,但两个治理体系并非截然分立,而是在中国特色反腐败制度框架中实现有效融合。

(2) 反腐败斗争从政治宣言到制度化治理

该阶段,腐败发生的原因仍然被解释为个人思想被腐蚀、体制机制不健全等,理念上也是以标本兼治的综合治理为导向。最大的变化是反腐败的政治定位全面提升,从专门机关的一项业务工作,发展为一个包含指导思想、原则、工作部署、领导体制等要素的制度体系,并成为党统一领导下的一个系统工程。因此,反腐败斗争既是党的政治宣言和政治任务,又表现为自成一体的制度体系。

党的十四大报告提出了开展反腐败斗争的宣言和任务,但没有对如何开展反腐败斗争进行具体部署。根据中共中央关于反腐败斗争的意见要求,中央纪委承担了具体的反腐败战略规划和制度设计任务。[①] 1992年底,中央纪委研究室在深圳召开反腐败斗争理论与实践研讨会,会上提出了许多具有前瞻性的反腐败思路和对策,如制定反腐败总体战略、在法治轨道中反腐败等,这些对之后的反腐败制度建设具有深远影响。

1992年以后,国务院每年都会召开反腐败工作会议(1998年后改称廉政工作会议),讨论部署政府机关内部的反腐败斗争工作。1993—1997年,中央纪委先后召开八次全会,对反腐败斗争进行具体规划和部署。1993年召开的十四届中央纪委二

[①] 中共中央文献研究室编:《十四大以来重要文献选编(上)》,人民出版社1996年版,第400页。

次全会对新时期反腐败斗争具有重要影响和深远意义，其后相当长一段时期内的反腐败工作都基本是按这次会议的决定部署展开的。① 这次会议的举办规格非常高，江泽民出席会议并发表重要讲话，在京的中央政治局常委、中央政治局委员、候补委员等参加了会议。自此，中共中央总书记出席中央纪委全会并讲话成为惯例。这次会议提出了反腐败斗争的指导思想、基本原则、重点工作、领导体制和治理思路。这些内容建构出新时期反腐败斗争的基础框架体系：一是指导思想为邓小平关于反腐败、党风廉政建设的指示和精神；二是基本原则包括坚持党的基本路线，紧紧围绕以经济建设为中心，突出重点，从领导干部做起，严格依法办案，不搞群众运动，不搞人人过关等；三是反腐败斗争的三项工作为党政领导干部带头廉洁自律，集中力量查办一批大案要案，刹住行业不正之风；四是领导体制是党委统一领导，党政一起抓，主要领导同志亲自负责。②

之后的十四届中央纪委三次全会将反腐败斗争三项工作上升为三项工作格局，并提出了反腐败斗争的长远战略规划和分阶段战术目标。十四届中央纪委六次全会要求把反腐败斗争工作与2010年远景目标的实现结合起来，进一步明确反腐败领导体制为"党委统一领导，党政齐抓共管，主要领导亲自抓，纪

---

① 中共中央文献研究室、本书编写组：《三中全会以来重大决策的形成和发展》，中央文献出版社1998年版，第630页。
② 中共中央纪律检查委员会研究室编：《坚定不移反腐败——中央纪委二次全会专辑》，中国方正出版社1993年版，第12—14页。

委组织协调，部门各负其责，依靠群众的支持和参与"①。在此领导体制中，党委统一领导反腐败工作，纪委是组织协调者，同时纪委与检察院、法院等又是具体的业务机关。在中央纪委的规划和推动下，反腐败斗争的基本制度框架初步成型，虽然许多制度细节在以后出现了较大变革，反腐败斗争的战略战术也根据现实需求而有所调整，但宏观的框架结构得以保留和延续。中国反腐败斗争自此进入了一个较为稳定的探索期。

三、反腐败的行动逻辑：治腐必先治党

中国是一个现代政党国家，其政党治理模式不同于大多数西方国家，存在明显的党政一体现象，这既是中国在革命和建设所得经验基础上的现实选择，也是中国反腐败的价值基础和逻辑起点。相比其他国家政党的发展历程，反腐是中国共产党与生俱来的因子。

（一）反腐败在新时代中历史定位的形成与确立

党内对腐败发生机理和反腐败工作的认识是一个逐步深化

---

① 尉健行：《论党风廉政建设和反腐败斗争》，中央文献出版社、中国方正出版社2009年版，第256页。

的过程,反腐败从党的重要工作升格为"最彻底的自我革命",是党对新时代反腐败斗争经验和规律新的提炼和总结。反腐败是"最彻底的自我革命"的全新定位,赋予了新时代反腐败以特殊的历史意义,标志着反腐败进入一个更成熟的阶段。

1. 认识深化:党内对腐败发生机理的全新认知

中国共产党在建立之初已经认识到党内存在腐败现象,因此在革命战争时期和中华人民共和国成立之后一直在探索腐败治理方案,在此过程中对腐败的认知也逐步深化。党内对腐败发生机理的认识长期受到阶级理论影响,认为腐败"随着阶级和国家的出现而产生,其滋长、延续的总根源是剥削制度、剥削阶级思想和私有制"①。当时的主流观点认为,绝大多数党员能保持良好作风,但极少数党员的思想会因受到腐蚀而变质腐化,腐蚀的来源主要是外部的资本主义腐朽思想和封建剥削思想。毛泽东在中华人民共和国成立之初即指出:"必须严重地注意干部被资产阶级腐蚀发生严重贪污行为这一事实。"② 党的十二大报告总结贪污腐化等党风问题的根源,并将其归因于十年"文革"的流毒还没有肃清,党员干部受到封建主义和资本主义的腐蚀。③ 基于此种认知,彼时反腐败以改造党员干部的思想为目标,主要运用整党整风和群众斗争的方法,但治理手段

---

① 北京大学纪律检查委员会等编:《反腐败纵横谈》,北京大学出版社1994年版,第39页。
② 《毛泽东文集(第六卷)》,人民出版社1999年版,第190页。
③ 中共中央文献研究室编:《十二大以来重要文献选编(上)》,人民出版社1986年版,第37、55—56页。

的滞后导致腐败现象难以遏制并不断蔓延。

改革开放之后的腐败发生原因更为复杂,过度偏重思想教育的治理方案无法有效治理腐败,于是党内开始更全面地探讨腐败发生的原因。中共中央书记处在1987年12月召开党风建设座谈会,提出在新旧体制交替过程中,法制不健全、政策不配套、调节机制不完善、机会不均以及党员干部思想被腐蚀等,是出现不正之风和腐败滋生的重要原因。① 党的十三大之后,腐败治理从整顿党风向制度建设快速转型,但此时并未形成清晰的反腐败制度建设规划,尚无体系化的反腐败工作体制和方法。

1992年召开的党的十四大提出建立社会主义市场经济体制,反腐败如何与建设社会主义市场经济体制相适应,成为新的时代命题。2000年12月,十五届中央纪委五次全会工作报告对腐败滋生蔓延的原因进行了系统阐释,腐败滋生原因被总结为西方腐化思想和封建残余的腐蚀,所有制结构、分配制度、社会利益格局的变动,社会主义市场经济体制机制存在漏洞,制度机制不健全,敌对势力的分化等。② 此时党内对腐败的认识已经十分全面,这次会议深刻总结了改革开放后经济体制转型阶段的腐败发生原因,也为社会主义市场经济体制建设阶段的反腐败提供了思想基础。在党的十八大之前,党内已开始初

---

① 李雪勤主编:《中国共产党纪律检查工作60年(1949—2008)》,中国方正出版社2009年版,第178页。
② 尉健行:《论党风廉政建设和反腐败斗争》,中央文献出版社、中国方正出版社2009年版,第518—522页。

步探索腐败综合治理的方案，并逐步建立起党统一领导的反腐败工作体制，然而系统化的反腐败战略和理论尚未成型，偏重预防的治理效果有限，腐败仍然继续滋生和蔓延。

党的十八大之后，社会主义市场经济体制初步建成，但党也面临百年未有之大变局的考验，国家发展进入关键机遇期，外部环境的不确定因素增多，党组织的管理任务也愈发繁重，需要党做出更有力的应对。在新时代的世情、国情、党情背景下，腐败发生的机理变得更为复杂，反腐败的形势也更为严峻。对此，党内一方面继续从政治、经济、文化、体制机制等视角进行综合分析，另一方面对新发展阶段的腐败类型、发生规律和特点进行更加精准、深入的总结，尤其关注政治问题和经济问题交织的腐败、新型腐败和隐性腐败、领导干部成为利益集团和权势团体的代言人和代理人等腐败现象，并推出相应治理方案。党内对新发展阶段的腐败机理的全新认知，引发了对腐败治理机制、战略、工作方法的一系列调整，也为反腐败的全新定位提供了认识论基础。

2. 定位升格：从党的重要工作到最彻底的自我革命

在党领导的革命战争和国家建设的历史进程中，反腐败的地位不断提升。1978年以前，反腐败还未发展成一项独立的专门性工作，仅附属于其他运动或斗争。1932年，中央革命根据地发起过以节约为中心的反贪污浪费斗争，[1] 此时的反腐败属

---

[1] 严帆：《土地革命时期中央苏区的反贪污浪费斗争》，载《江西社会科学》1990年第3期。

于经济战线上的斗争。1951年12月至1952年10月，党中央要求在全国规模的增产节约运动中坚决进行反贪污、反浪费、反官僚主义的斗争，"三反"运动是增产节约运动中的一项斗争。① 此后进行的一些运动中也有反腐败的内容。党的八大报告首次指出过去开展过反贪污浪费和违法乱纪的群众斗争，今后必须经常进行反对腐化堕落现象的斗争，但未提出专门的腐败治理方案。

改革开放之初，对腐败的阐释尚未脱离党风的范畴，腐败发生归因于党员干部受到资产阶级思想、封建主义和"文革"遗毒的腐蚀，因此反腐败具体属于纠正不正之风体系中的反腐蚀工作。1982年2月11日，中共中央书记处在北京召开广东、福建两省打击经济犯罪座谈会，会议一致认为打击贪污等经济犯罪是反对资本主义思想腐蚀的斗争。② 1983年3月，时任中央纪委第二书记黄克诚提出要开展反腐蚀斗争。③ 党的十三大报告中同时使用"反腐蚀"和"反对腐败的斗争"两种表述，最高人民检察院提出过"反贪污贿赂斗争"一词，此外还存在"反贪肃贿斗争"等提法。1988年12月，原国务院监察部时任部长尉健行在全国监察工作会议上提出开展以反贪污受贿为重

---

① 程大方：《从"三反"运动看新中国建立初期反腐败斗争的历史特点和深远影响》，载《中共党史研究》1995年第1期。
② 中央纪委研究室编：《十一届三中全会以来党的纪律检查工作大事记》，中国方正出版社2008年版，第34页。
③ 黄克诚传编写组：《黄克诚年谱》，当代中国出版社2018年版，第402页。

点的反腐败斗争,① 这是"反腐败斗争"一词首次出现在重要的党政文件中。1991 年 4 月,江泽民在全国党建理论研讨会上也使用了"反腐败斗争"一词,要求全党"必须坚持不懈地开展反腐败斗争"②。当时腐败的滋生蔓延引起了党和国家领导人的关注,邓小平指出,"反对腐败,确实已经到了非下大决心不可的时候了"③。1992 年党的十四大报告宣告开展反腐败斗争,此后的党代会报告均会在党的建设部分专门论述反腐败斗争的重要性和工作要求。1992 年之后的党代会报告对反腐败的定位随着时代变迁也有所不同(表 1-2),但政治定位均十分重要。

表 1-2 反腐败在党代会报告中的定位(1992—2022 年)

党代会届数	反腐败的定位
十四大	是密切党同人民群众联系的重大问题
十五大	是关系党和国家生死存亡的严重政治斗争
十六大	是全党一项重大的政治任务
十七大	是党必须始终抓好的重大政治任务
十八大	是人民关注的重大政治问题
十九大	才能跳出历史周期率
二十大	是最彻底的自我革命

---

① 尉健行:《论党风廉政建设和反腐败斗争》,中央文献出版社、中国方正出版社 2009 年版,第 33 页。
② 中共中央文献研究室、本书编写组:《三中全会以来重大决策的形成和发展》,中央文献出版社 1998 年版,第 626 页。
③ 本书编写组编:《新时期反腐败斗争大事记(1978.12—2003.12)》,中共党史出版社 2005 年版,第 93 页。

在党的十四大提出开展反腐败斗争后的一段时期内，反腐败的重要性通常与改革开放、社会主义市场经济建设联系在一起。如党的十四届三中全会通过的《关于建立社会主义市场经济体制若干问题的决定》提出："加强廉政建设、反对腐败是建立社会主义市场经济体制的必要条件和重要保证。"党的十八大以来，党对反腐败的认识更为深刻和全面，腐败被视作人民群众最不满意的问题和党面临的最大威胁。在新时代，反腐败也随着对腐败认知的深化而有了新定位。党的十九大报告提出，坚持反腐败才能跳出历史周期率；党的二十大正式提出，党的自我革命是克服历史周期率的第二个答案，反腐败是最彻底的自我革命。反腐败从党的重要工作、严重政治斗争、重大政治任务、重大政治问题升格至最彻底的自我革命，形式上看是定位的提升，本质上则是党找到了破解历史难题的答案，在总结历史经验的基础上找到了长期执政的前进路径。

3. 历史意蕴：自我革命赋予反腐败以特殊历史意义

党的自我革命是一个全新范畴和重大命题，是党在实践基础上的重大理论创新。① 自我革命根植于马克思主义政党的政治基因，是继毛泽东回答历史周期率问题时提出的"让人民来监督政府"的答案之后，习近平总书记在深刻总结百年党史以及新时代党的自我革命的成功实践基础上，为跳出历史周期率

---

① 曲青山：《党的自我革命：一个全新范畴和重大命题》，载《党史博采》2023 年第 20 期。

而提供的"第二个答案"。① 党的自我革命不仅是一个理论和实践命题，还是党在正确认识历史规律的基础上，所提出的解决历史难题的正确路径，这在历史层面赋予了党的自我革命以重要价值和意义。

要理解新时代反腐败为何被视作最彻底的自我革命，必须厘清反腐败和党的自我革命的逻辑关系。反腐败和党的自我革命具有内在一致性，两者本质上都源自党作为马克思主义政党的根本属性，两者都体现出党以人民为中心的政治品格。党的自我革命是更高层次的政治目标和任务，党的自我革命的重要思想已经成为新时代反腐败的指导思想，自我革命给反腐败提出了新的要求和前进方向，赋予反腐败以新的时代意义。反腐败是实现党的自我革命的方式之一，且具有"最彻底"这一特征，这一特征有三层内涵：一是体现党的决心彻底。党的十八大以来，党中央坚持以"刮骨疗毒、壮士断腕"的意志推进其自身建设，以零容忍的态度进行反腐败，因此将反腐败作为最彻底的自我革命体现出党的坚定决心。二是手段措施的根本性和彻底性。反腐败是实现全面从严治党的最严厉的方式之一，可以直接清除党政体系中的腐败分子，实现党的自我净化的目标。三是效果的彻底性。反腐败可以有效惩治和震慑腐败分子，治理效果具有快速、高效的特点，能够有效实现党的自我完善和自我革新。

---

① 江金权：《自我革命是党跳出历史周期率的"第二个答案"》，载《学习月刊》2022 年第 3 期。

"最彻底的自我革命"这一独特政治定位，一方面让自我革命成为新时代反腐败的指导思想和纲领，赋予了反腐败以新的理论内涵和实践方向，丰富和发展了反腐败理论体系；另一方面也指明了自我革命的行动指南，即以反腐败作为实现自我革命的最彻底方式，充分发挥其基础性作用。党给出了跳出历史周期率的"两个答案"，即"让人民监督政府"和"自我革命"，反腐败作为"最彻底的自我革命"正是跳出历史周期率的关键保证。①

（二）政党国家与政党反腐的历史传承

中西方在政党国家的建立和运转模式上存在差异，西方政党通过选举等权力运行体制控制国家政权，实现政党对国家政权体系的全面渗透，建立起现代的政党国家运转体制。② 中国共产党建立政党国家的逻辑则截然不同。中国在百年前处于动荡和混乱的特殊时期，国内外危机并存的严峻形势要求出现一个能够"救时"的领导力量，而资产阶级、士绅等无法担当此重任。③ 此时，中国共产党承担起了挽救民族危亡和振兴国家的历史使命，通过领导革命战争打败敌对势力，在全国范围内建立了政权。但当时可供中国共产党参考的建政经验很少，主

---

① 《跳出历史周期率的成功道路》，载《中国纪检监察》2020 年第 3 期。
② 李三虎：《西方政党—国家范式的研究进路及其评价》，载《探求》2020 年第 1 期。
③ 肖存良：《中国政治协商制度研究》，上海人民出版社 2013 年版，第 121 页。

要是战争期间的根据地建设经验和已经成型的"苏联模式"。①西方的政党国家是基于政党运行现代国家而产生的,而中国的政党国家是基于政党建设现代国家而形成的。这就意味着中国的现代政治体系是在政党主导下确立的,是从政党那里脱胎出来的,其维系与健全,离不开政党的主导作用。②

1921年中国共产党成立,之后党组织迅速发展壮大起来,并先后建立了地方政权,此时就已经出现部分党员干部贪污腐化等问题,由此中国共产党借鉴苏联的经验,并结合中国政治制度传统,摸索出了以党的领导为核心,党内监察和政府行政监察并存的党政监察程序模式。在当时的特殊环境下,党组织主要从党中央和地方共产党政权两个层面构建监察调查制度。第一个层面是中国共产党内部对监察制度的探索。1926年,中共中央作出《关于坚决清洗贪污腐化分子的通告》,要求各地党组织清查党内投机腐败分子,这是党史上第一个反贪腐文件。1927年,中共五大选举产生了中央监察委员会,这是党历史上的第一个中央纪律检查监督机构;同年,中央政治局通过了《中国共产党第三次修正章程决案》,这部党章中专设"监察委员会"一章,明确了监察委员会的组成和审查程序。但1928年中共六大又修改党章取消了监察委员会,取而代之的是设立级别较低的审查委员会负责监督党内财务和行政工作。六大之后

---

① 孙雪凡、辛向阳:《中国共产党建党百年对世界社会主义的贡献》,载《马克思主义与现实》2021年第2期。
② 林尚立:《以政党为中心:中国反腐败体系的建构及其基本框架》,载《中共中央党校学报》2009年第4期。

相当长时期内,党的纪律检查机关未能建立起来,其部分职责由其他机构代为行使。1945年党的七大召开,并通过了新的党章。七大党章取消了六大党章设立的审查委员会,规定"党的中央委员会认为必要时,得成立党的中央监察委员会及各地方党的监察委员会",并明确其"在党委指导下工作"。这对后来中国确立的中央纪律检查委员会体制具有重要影响。① 第二个层面是共产党地方政权对监察制度的探索。南昌起义后,中共开始掌握武装力量,并逐步在全国许多地方建立起共产党政权。在政权制度建设方面中共做了大量探索,其中对监察制度的探索卓有成效,不同时期均有各自具有代表性的监察机关,比如中央苏区的工农检察机关、抗日根据地的参议会、解放区的华北人民监察院等。

中华人民共和国成立以后,中国共产党的任务开始从"以革命为中心"向"以国家建设为中心"转移,在这个探索过程中,既有成功的经历,也遇到了许多挫折。解放战争期间,中共七大已经初步设计出一套党内监察和政府行政监察并存的监察模式;中华人民共和国成立后,在尝试建立社会主义监察制度过程中,中国基本继承了这种党政双轨的监察模式,并不断对这套双轨体制进行修正和完善。这个过程经历了几个不同的历史阶段:第一阶段,1949—1959年,党内监察与行政监察并行阶段。在这个阶段,中国共产党开始逐步在全国范围内建立

---

① 姜芦洋:《新民主主义革命时期党内监察机构建设发展历程》,载《理论界》2015年第1期。

起各级监察制度，其中主要包括两个维度，一个维度是中国共产党党内的监察体系得以恢复，并推广到全国；另一个维度是人民政府内部的监察体系也初步建立起来，逐步形成了上下组织层次清晰的工作体制。第二阶段，1959—1969 年，党内监察继续强化及撤销阶段。1959 年，二届全国人大一次会议通过了《关于撤销司法部、监察部的决议》，行政监察体系暂时退出历史舞台。监察部被撤销之后，党内监察系统仍然得到进一步的完善和发展，甚至一度出现强化的趋势。第三阶段，1978—1993 年，党内监察和行政监察重建与完善阶段。党和国家的监察组织制度进入恢复和重建时期。第四阶段，1993—2016 年，党内监察和行政监察机构整合重组阶段。由于党内监察和行政监察在业务上存在重复、交叉、遗漏等问题，因此党中央和国务院在 1993 年作出决定，让中央纪律检查委员会和监察部合署办公，实行"一套工作机构、两个机关名称"的运作模式，履行党纪监察和行政监察的双重职能。第五阶段，2016 年之后，党风廉政和反腐败体系高度融合阶段。党内监察体系恢复重建后，纪检监察机关在调查、监督和处分党员违纪行为方面发挥了重大作用，并逐步在纪委内部建立起了一套健全的调查工作流程和调查模式。[①]

从上述反腐进程看，党领导的党内反腐始终处于中心地位，党内反腐机关的权威性也高于政府反腐机关。随着 2016 年监察

[①] 纪亚光：《我国国家行政监察制度的历史演进》，载《中国党政干部论坛》2017 年第 2 期。

体制改革的推进，党内反腐和国家反腐实现了整合，在加强党领导反腐工作的基本原则下，党内反腐再次巩固了其核心地位和前导角色。

（三）党政关系"一元二体"的基本现实

党与国家政权的关系是最基本、最重要的政治关系，直接决定了国家政治体制的总体格局，是国家政治体制的核心问题。① 中国的党政关系经历了一个曲折发展的过程，中华人民共和国成立初期实行"以党代政、党政不分"的党与国家基本关系模式。毛泽东在文件批示中强调，要实行党中央集权、"一元化领导"和"党政不分"。1958 年，中共中央发出《关于成立财经、政法、外事、科学、文教小组的通知》，其中要求"大政方针在政治局，具体部署在书记处。只有一个'政治设计院'，没有两个政治设计院'。大政方针和具体部署，都是一元化，党政不分。具体执行和细节决策属政府机构及其党组。对大政方针和具体部署，政府机构及其党组有建议之权，但决定权在党中央"。党政不分在改革开放前曾衍生出许多制度运行问题，因此改革开放后中国的党政关系得到了调整。邓小平在党的十一届三中全会上指出，加强党的领导，变成了党去包办一切、干预一切；实行一元化领导，变成了党政不分、以党代政，"我们的各级领导机关，都管了很多不该管、管不好、管

---

① 刘靖北：《现代中外政党—国家关系研究》，华东师范大学 2003 年博士学位论文，第 1 页。

不了的事"①。1986年,邓小平在谈到中国政治体制改革时强调:"首先是党政要分开,解决党如何善于领导的问题。这是关键,要放在第一位。"②

有学者认为,中国在改革开放后逐步建立起了一种所谓的"一元二体"的党政关系模式,一元指党的领导,二体指的是有党政两个组织。从党政组织的角度上讲,这种党政关系的特点在于:第一,党和政府两大组织并存,功能对应,党起着绝对领导作用。比如,政府的人事部门对应着党的组织部门,公安、司法、检察部门对应着党的政法部门,文化广播出版部门对应着党的宣传部门。第二,在政府部门内部,行政和党组(委)并存,行政首长通常是党组的成员,比如市长一般都是党的市委副书记,县长通常是县委副书记。③ 除了在组织体系上存在高度的融合,党员干部和国家公务员群体也存在高度交叉。据官方统计,中国公务员队伍中党员比例超过80%,县处级以上领导干部中党员比例超过95%。④ 这个党政关系的基本现实导致党内反腐和国家反腐存在高度重合性,大多数接受国家反腐机关调查的领导干部是中共党员,因此这类人员同时也要接受纪检机关的纪律审查。过去党内反腐和国家反腐的适当分离导致了重复调查,并由此产生了资源浪费;此外,党纪处

---

① 《邓小平文选(第二卷)》,人民出版社1994年版,第230页。
② 《邓小平文选(第三卷)》,人民出版社1993年版,第177页。
③ 竺乾威:《政府结构与党政关系》,载《暨南学报(哲学社会科学版)》2019年第7期。
④ 习近平:《在第十八届中央纪律检查委员会第六次全体会议上的讲话》,载《人民日报》2016年5月3日。

分和法律处罚的衔接不畅,线索移交处理的效率不高,还导致了"党员戴着镣铐进监狱"等纪律处分滞后的问题。2016年监察体制改革再次强化了党对反腐工作的领导。纪委和监委合署办公,纪委党组领导监委工作,实际上实现了党内反腐机关对国家反腐的领导。中央纪委在2015年提出"四种形态",要求以纪在法前、纪法分开为原则,强调的是首先和重点发挥纪律处分的作用,通过全面从严治党实现国家反腐的目标。

(四) 党管干部衍生的反腐败责任

党管干部的根本原则在于党掌握对干部工作的领导权和对重要干部的管理权。① 1951年3月,刘少奇在党的第一次全国组织工作会议上作报告时专门谈到党的干部管理问题,这是中华人民共和国成立后首次提到党管理重要干部的工作原则。② 1953年,中共中央作出《关于加强干部管理工作的决定》,对党管干部原则作出明确规定,要求建立起"在中央和各级党委的组织部统一管理下中央及各级党委的各部分管干部的制度"。1962年,邓小平在《执政党的干部问题》一文中强调,党要管党,一管党员,二管干部。此后,党管干部原则历经多次调整和充实,管理模式也从最初的分部分级、分级分类发展到现在的职务和职级并行,其核心内容由中央组织部在1980年做出过阐述,即"一切干部都是党的干部,都应根据他们担任的职务,

---

① 中共中央文献研究室科研管理部编:《新中国60年研究文集》,中央文献出版社2009年版,第556页。
② 陈志发:《党管干部:新中国70年的实践历程与经验启示》,载《阅江学刊》2019年第5期。

分别由中央和各部门的党委、党组或所在单位的党组织负责管理。对干部的任免、提拔、调动、审查和干部问题的处理，都必须由党委集体讨论决定，并按照干部管理权限由主管的党组织批准，不能由任何个人专断"①。1995年公布的《党政领导干部选拔任用工作暂行条例》第二条提到，选拔任用党政领导干部，必须坚持党管干部原则。2014年，中共中央发布《党政领导干部选拔任用工作条例》，明确规定选拔任用领导干部必须坚持党管干部的基本原则。分析中央组织部门关于党管干部的内容表述，有四项要求：一是干部范围包括党员干部和非党员干部；二是各级党委根据干部的职务和职级的管理权限归属进行分级管理；三是干部审查等问题处理必须由具有管理权的党委决定；四是重要干部的人事、审查等问题由党委集体决定，不允许个别机关或个人自行决定。

党管干部体现在党领导工作的各个方面，涉及干部的选拔、任用、调动和日常监督等。党管干部在纪检机关、检察机关、公安机关办案工作中有不同程度体现，比如纪检机关调查同级党委管理干部必须报请党委负责人审批，检察机关立案调查同级党委管理干部根据惯例应向党委负责人报批，公安机关一般是立案后及时向党委负责人汇报，这种设计模式本质上是为了实现党对重要干部的领导和管理。党管干部的基本原则实际上极大扩展了党的监督和管理范围，党管干部管的不仅是中共党员，还包括所有的公职人员。在党管干部的基本原则要求下，所有的党员领导干部都会被纳入党的组织管理体系，即使是非

---

① 钱再见等：《公务员制度创新与实施》，广东人民出版社2002年版，第9页。

中共党员的领导干部也会通过各种形式遵循党管干部原则要求。党管干部赋予了党管理和监督全体领导干部的权力，也成为共产党承担反腐败职责的依据。作为以党管干部为原则的党组织，其自身的廉政建设直接关系反腐败工作的成效，如果党组织自身腐化在先，不仅无法履行好监督管理党员领导干部的职责，还可能会加重党所领导管理的各个系统的腐败问题。从源头解决腐败，首先必须全面从严治党，按照党要管党的理念，用党内纪律治理党内腐败，发挥预防在前的反腐败方略。

四、政党反腐视角下"四种形态"的框架设计

中国现代政治体系的生长逻辑是中国共产党领导革命、建政和建设，中国共产党作为使命型[①]或责任型[②]政党领导反腐工作。早在革命战争时期中共就开始进行反腐败工作，中共领导

[①] 有观点认为，要想理解中国共产党的代表性，必须突破西方选举式代表的理论范式，建构一种具有广泛解释力的普遍性政治代表理论，并在此基础上依据马克思主义的理论逻辑与中国近现代社会发展的历史逻辑来把握中国共产党的代表角色与功能。李海青：《中国共产党作为使命型政党的代表性——一种政治学的分析视角》，载《浙江学刊》2021年第3期。

[②] 在国家治理现代化的进程中，实现责任政治有赖于责任型政党建设。在厘清责任型政党基本概念的基础上，可以从观念与结构两个方面把握责任型政党与责任政治之间的契合性关联。张力伟：《责任型政党：新时代责任政治建设的核心支撑》，载《云南社会科学》2021年第3期。

的反腐败实践早于国家建政,更早于国家层面的反腐败实践,中国的反腐败从未彻底从政党行为转向国家行为。中共领导的党内反腐长期处于中心地位,"四种形态"的反腐方略也是在这个基本现实中产生的。

(一)"四种形态"的提出及内部逻辑结构

"四种形态"最早是时任中央纪委书记王岐山于 2015 年在福建调研时提出的,他强调要发挥党的领导核心作用,在思想认识、责任担当、方法措施上紧跟中央要求,把握运用监督执纪"四种形态",深入推进全面从严治党。① 2016 年 10 月 27 日通过的《中国共产党党内监督条例》再次规范了"四种形态"的概念:经常开展批评和自我批评、约谈函询,让"红红脸、出出汗"成为常态;党纪轻处分、组织调整成为违纪处理的大多数;党纪重处分、重大职务调整的成为少数;严重违纪涉嫌违法立案审查的成为极少数。2017 年 10 月 24 日,党的十九大通过了部分修改的《中国共产党章程》,将"四种形态"的内容正式写入条文。2018 年 12 月 28 日,党中央印发的《中国共产党纪律检查机关监督执纪工作规则》明确规定,坚持惩前毖后、治病救人,把纪律挺在前面,精准有效运用监督执纪"四种形态"。2019 年,中共中央印发修订后的《中国共产党问责条例》对"四种形态"作出规定。除了党内法规对"四种形

---

① 史亚博:《新时代监督执纪"四种形态"的内涵与实施路径探析》,载《廉政文化研究》2018 年第 2 期。

态"做了明确规定外,中央工作报告中也多次提到"四种形态",如党的十九大报告提出:坚持惩前毖后、治病救人,运用监督执纪"四种形态",抓早抓小、防微杜渐。习近平总书记多次强调,深化运用监督执纪"四种形态",把纪律挺在前面,强化监督执纪,使全体党员干部不断增强政治定力、纪律定力、道德定力、抵腐定力。①

监督执纪和监察执法的"四种形态"是新的历史时期党内监督特别是纪律审查的重大理论创新,随着监察改革推进而成为监察执法的基本工作原则。在内容结构层面,"四种形态"将党员干部的违纪违法行为划分为四个阶段或四种类型,一是针对轻微违纪行为,开展经常性的批评和自我批评、约谈函询,通过这些党内常用的整顿党风党纪的手段,警示党员干部对腐败保持警惕。二是针对轻违纪行为,进行党纪轻处分或组织调整,这类处置方式应成为违纪处理的大多数,也是纪检监察机关主要开展的工作。三是对严重违纪的人员实施党纪重处分、重大职务调整,但这种处置方式应为少数。四是针对严重违纪涉嫌违法犯罪的人员,应将其移送司法机关,这类处置方式应当为极少数。"四种形态"作为全面从严治党政策,强调的是依规依纪依法,将"严"的主基调长期坚持下去,一以贯之全面从严;作为策略,强调的是分类施治、分层施策,精准把握

---

① 闫群力:《精准有效运用监督执纪"四种形态"》,载《新华日报》2020年9月1日。

适用形态，实现政治效果、纪法效果、社会效果的统一。①

"四种形态"是一个完整有序、层层递进的监督执纪和监察执法体系，它以监督执纪和监察执法的"全面"和"从严"为基本要求，坚持对党员干部的任何违纪事实、违法行为"零容忍"处置。"四种形态"犹如四道防线，逐级递进、层层设防，首先要求党员守住党纪红线，由"查违法"转向"盯违纪"，体现出"纪严于法、纪在法前"的基本要求。"四种形态"是为落实全面从严治党、严明党的纪律而谋划的四种理念、四个尺度、四道防线和四种途径，②真正彰显了党组织对党员干部的"严管厚爱"。破"法"无不从破"纪"开始，且发展的轨迹往往都是一样的：先出现违纪苗头，然后逐步越过纪律底线，之后又从一般违纪发展到严重违纪，最后量变引起质变，演变为违法犯罪。"四种形态"是落实全面从严治党的体现，通过设置层层纪律和法律防线，逐级实现对违纪违法行为的阻挡和处理，而且根据违纪违法的严重程度所采取的处理措施会越来越严厉。因此，落实"四种形态"的基本路径是，以党的纪律处分措施为主要手段，坚持抓早抓小，标本兼治，实现不断自我净化、自我完善、自我革新、自我提高，保持党的先进性和纯洁性。

"四种形态"的核心要义是把纪律挺在前面，纪严于法、

---

① 瞿芃：《依规依纪依法用好"四种形态"》，https://www.ccdi.gov.cn/toutiao/202101/t20210115_233891.html，2021年5月26日访问。
② 史亚博：《新时代监督执纪"四种形态"的内涵与实施路径探析》，载《廉政文化研究》2018年第2期。

纪在法前、纪法分开,让纪律成为管党治党的尺子,用纪律和规矩衡量党员干部行为。"四种形态"是全面从严治党的政策和策略,是"把纪律挺在前面"的具体化,体现了惩前毖后、治病救人的一贯方针,"四种形态"是纪委监委履行职责的具体抓手,也是党员干部接受监督、严格自律的"四道防线"。坚持"四种形态"的根本目的是坚持党的领导、加强党的建设,保持党的先进性和纯洁性。"四种形态"针对党员干部违纪行为从量变到质变的梯度轨迹,构建了一套从轻到重的执纪创新理论体系,是长期以来反腐败斗争实践总结的宝贵经验,为加强党内监督、实现自我净化、永葆党肌体健康提供了基本遵循。"四种形态"的运用,充分体现了加强党内监督、实行全覆盖的本质要求。从"常态""大多数"到"少数""极少数"的逻辑关系可知,每种行为的性质与程度都是层层加重的,后一种行为是前一种行为恶性发展的必然结果,因此只有注重抓早抓小,准确把握运用好各种形态,使党员干部守住纪律和法律底线,才能有效降低违法犯罪的概率。

(二)"四种形态"的政治话语构造和风格特色

海德格尔关于"语言是存在的居所"的经典命题,使人们认识到语言不仅是人类最重要的交际工具,更是权力意志的栖居之所。权力的运行无法脱离语言的运用。语言与权力的关系引发了福柯、布迪厄、葛兰西等思想家的关注,他们认为语言所具有的支配与规训等功能,使之成为人们深刻理解政治生活不可或缺的密码。① 语言不仅包含着特定的世界观,也是权力意志的一种体现,"语言学转向"是一种当代学术思潮,主张以语言为中心发现事实与建构知识,对人文社会科学构成了巨大挑战,对政治学方法论的影响可分为语言学的视角与语言学方法两个层面。语言学视角主张"语言的政治化",语言成为最重要的政治现象,语言学方法则强调"政治的语言化",把书写文本视为发现政治事实的全部论据,具体表现为语词分析、概念分析与话语分析三种,以不同方式进入政治学研究。② 米歇尔·福柯认为:一切统治,归根结底是语言的统治。话语实际上是统治的根本,语言和话语本身亦即权力。③ 因而,在对政治语言及其意义的真实性研究中,不仅要了解其字面的、辞典性的含义,还必须深入研究政治语言特定的表达模式、特定的语言情境,以及观察处于不同情景中的听众对这些表达模式的不同回应,如(1)谁为了何种目的发出语言。(2)他说了什么,以何种方式。(3)谁是听众。(4)说话内容对听众的影响和效果(回应)是什么。④

在当代中国政治中,执政党是官方政治语言的生产者和输出者,在应对转型社会的复杂局面时,通过政治话语来凝聚社

---

① Peter Ives, *Language and Hegemony in Gramsci*, Plato Press, 2004, p. 66.
② 郭台辉:《语言的政治化与政治的语言化——政治学方法论的"语言学转向"问题》,载《政治学研究》2019 年第 4 期。
③ 〔德〕恩斯特·卡西尔:《符号·神话·文化》,李小兵译,东方出版社 1988 年版,第 53 页。
④ 马敏:《政治语言:作为话语霸权基础的结构——功能分析》,载《中共浙江省委党校学报》2004 年第 4 期。

会力量，对于统一思想、统一意志、统一行动具有特殊意义。中共早期的话语尤其是文件术语受到联共（布）、共产国际以及留苏派人士的强烈影响，许多政治术语或是直接译自俄文，或是以俄为师，围绕"国际路线""更加布尔什维克化"等话语展开。刘少奇在1928年发表《论口号的转变》一文，提出党组织的行动口号要极简短、极明显、极通俗，而且要以代表普通群众的要求及心理为中心。毛泽东在延安整风期间发表了《改造我们的学习》《反对党八股》等文章，严厉批判了党内盛行的"党八股"，提出对中共话语进行以马克思主义中国化为基本目标的系统改造，强调用老百姓喜闻乐见的民族形式来对中国革命经验进行总结和提升。由此，"马克思主义中国化""新民主主义""三大法宝""路线决定一切""团结—批评—团结""反对本本主义""共产党员的修养""党内有原则的斗争""没有调查就没有发言权""从群众中来，到群众中去""四个服从""党的一元化领导"等一大批新话语先后诞生。① 有观点认为，标语口号是中国共产党用以唤起民众、鼓舞斗志、指引航向的政治旗帜和政治号角。② 中国共产党的政治语言具有通俗易懂和传播力强的特点，比如政治语言的口号特色明显，白话色彩浓厚的政治语言使用频繁，这种趋势在党的十八大之后特别明显，从中央到地方均大量出现白话式的政治语言。

党的十八大后，面对国内外的新情况，中国共产党运用了

---

① 应星：《政党治理传统的实践逻辑》，载《学海》2020年第4期。
② 厉有国：《政治资源建设视阈下中国共产党打造和变革标语口号的历程与经验》，载《信阳师范学院学报（哲学社会科学版）》2011年第1期。

一系列具有新时代表征的话语论述,并在展现时伴以有力的政治举措。在"治国理政"的宏大叙事下,中国共产党在政治话语、经济话语、文化话语、社会话语和生态话语等诸多领域展开了积极构建。① 党的十八大后,"全面从严治党"和"反腐"成为新一届党中央最亮丽的执政风格和重要话语,中共运用"零容忍""打虎拍蝇"等话语表达了对治理腐败的政治决心和政治魄力,同时也反映出其根据实际变化从制度层面加强自身建设的要求。

语词、语义、语法是构成语言的内在要素,文本与语境是决定语言存续的外在要素,而对各要素的不同侧重造就了语言学方法的差异。"四种形态"形成于党的十八大之后的反腐行动中,其话语设计可从政治语言学的视角解读。

第一,在数字修辞风格上,"四种形态"延续了党内流行的数字和政治语言结合的风格。政治语言是承载权力意志的符号,权力运行无法脱离语言及其修辞技巧。数字修辞是中国政治语言的重要特征,数字符号的准确性、简洁性和操作性是其他文字符号无法比拟的。中国政治语言中的数字修辞具有三重功能:一是数字修辞增强了政治语言之语义的确定性,增强了编码和解码的准确性。二是数字修辞简化了政治语言的符号体系和意义体系。数字修辞明确了政治语言的支配范围,规定了政治语言的操作标准。中国政治语言中的修辞不仅仅是语言表

---

① 贺东航、徐进功、胡荣涛:《十八大以来中国共产党治国理政话语权构建研究》,载《东南学术》2017年第4期。

述方式的修饰艺术，同时还使政治语言成为更具说服力和影响力的语言符号。三是数字修辞提升了政治语言的形式美感，使政治语言表意精准、简洁易懂、便于操作。数字修辞增强了政治语言的感染力和支配力，使政治信息易于扩散、接收和内化，进而提升了政治传播效果。① "四种形态"与"一国两制""三严三实""四个意识""四个自信""七个有之"等中共以前提出的数字修辞政治话语十分类似，话语体系均与数字密切结合，其中出现率最高的是与"三"和"四"的数字修辞相关的政治话语。

第二，在词语内容上，"四种形态"是典型的直白风格，其审美表现形式语义明晰，情感分明，言简意赅，通俗易懂，富有韵律，朗朗上口。历史上，中国共产党留下了诸多经典的政治语言，大多具有直白易懂的特点，如土地革命时期提出的"依靠贫农、雇农，联合中农，限制富农，消灭地主阶级"，中华人民共和国成立初期提出的"鼓足干劲，力争上游，多快好省地建设社会主义"，十八大之后提出的"'老虎''苍蝇'一起打"等。对于"四种形态"来说，其第一种形态"红红脸、出出汗"并非中央纪委首创，习近平总书记在十八大之后曾多次在工作报告中提到"红脸出汗"，这是中共延续已久的政治语言风格。

第三，在语句结构上，将表述内容分成不同类型，便于阅

---

① 国晓光、弓联兵：《中国政治语言中的数字修辞——一种政治传播学的分析》，载《江苏行政学院学报》2019年第4期。

读、传播和记忆。汉语中的标语口号一般由简短有力的字句组成，讲究工整对仗、声律押韵、平仄协调。"四种形态"将监督执纪和监察执法分成了四个阶段，每个阶段有简洁明了的语言表述，与党内提出的"四个自信""四个意识"等内容设计方式具有相通性。

第二章
历史演进视角下"四种形态"的理念和实践传承

"四种形态"虽然正式成型于党的十八大之后,但其思想内核和价值理念与党内延续已久的反腐理念及实践密不可分,它们是一脉相承的关系。中国共产党自成立以来所形成的反腐败思想体系及实践探索,奠定了"四种形态"的思想价值基础,成为"四种形态"内容架构的直接渊源。

一、"四种形态"与反腐败理念的历史传承

(一)马克思主义早期经典著作中的反腐败思想

19世纪40年代,是资本主义生产方式发展成熟的时期,

也是在这一阶段，无产阶级登上历史舞台。马克思和恩格斯通过对其所生活年代的社会问题进行反思，发表了许多关于腐败产生原因及解决方法的论述。马克思认为，腐败现象是生产资料私有制的必然产物，是与剥削阶级的意识形态相伴相生的，剥削制度是一切龌龊事物的温床。根据巴黎公社的经验，马克思于1871年撰写了在无产阶级运动史上具有很高地位与价值的《法兰西内战》一书。"在《法兰西内战》中，马克思提出了一系列的反腐倡廉思想"①，并系统阐述了无产阶级国家政权建立的理论，其中腐败现象的遏制与消除、建设廉洁新政权、敬畏责任、人民至上，是马克思廉政思想的价值定位，打造廉洁政府也成为马克思廉政思想的重要体现。

在对马克思廉政思想进行当代解读的过程中，有观点认为，廉政建设的根本任务、核心价值观、途径与保障分别是建立廉价政府、公仆意识、民主与法治。② 有观点认为，马克思廉政思想基本内容所包括的廉政的根基、政治保障、表现形式、基本措施、基本方法分别是公有制度、民主政治、公平正义、廉价政府、政治公开。③ 也有研究深刻论证了铲除腐败根源、社会公仆建设、廉价政府建设、民主制度建设分别是廉政建设的本质

---

① 董世明：《从〈法兰西内战〉看马克思的廉政建设思想》，载《马克思主义与现实》2008年第5期。
② 金光美：《马克思、恩格斯廉政建设思想的当代解读》，载《甘肃社会科学》2010年第6期。
③ 闫雪、薛忠义：《马克思恩格斯的廉政思想》，载《求实》2012年第7期。

要求、根本任务、基本目标、重要保障等观点。① 还有观点认为，马克思廉政思想主要包括揭露腐败根源、建设廉价政府、保持政党的纯洁性和先进性这三方面，并进一步揭示出马克思廉政思想的科学性、批判性和实践性等哲学性质。② 通过分析马克思、恩格斯的党风廉政建设问责逻辑，有学者意识到，当代党风廉政建设问责机制应从严肃监督问责、完善制度建设、强化普遍参与、健全内部问责体系等方面入手。③ 在研读马克思"社会公仆"思想的过程中，有观点认为，弘扬公仆精神从而推进党风廉政建设的现实路径是明确"人民公仆"的阶级属性、角色定位，强化宗旨意识、公仆意识、民主监督，防止"公仆"变"主人"。④ 以马克思廉政思想为视角，有学者探究了当代构建"不敢腐"的惩戒制度、"不能腐"的防范机制、"不想腐"的保障机制的具体路径。⑤

在马克思和恩格斯所生活的时代，工人阶级尚未组建组织体系严密的党派，其反腐思想主要涉及反对特权、发挥无产阶级的先进性、建立无产阶级的廉洁政府等方面，对于如何通过

---

① 王俊祥、帅全锋：《马克思恩格斯的廉政建设思想》，载《河北大学学报（哲学社会科学版）》2017年第2期。

② 邓学源：《马克思廉政思想的哲学意蕴及其现实意义》，载《理论导刊》2014年第6期。

③ 胡洪彬：《马克思恩格斯的党风廉政建设问责逻辑及其启示》，载《福建农林大学学报（哲学社会科学版）》2015年第6期。

④ 杨静：《大力弘扬公仆精神 推进党风廉政建设——马克思"社会公仆"思想的研读及启示》，载《思想政治教育研究》2015年第6期。

⑤ 郑正真：《构建"三不腐"有效机制的路径探究——基于马克思主义廉政价值观的视角》，载《江苏大学学报（社会科学版）》2016年第5期。

党内纪律整顿党风党纪，保证党组织的良好风气和战斗力，尚未形成具有代表性的观点。但是马克思和恩格斯关于无产阶级领导的公仆地位及建立政府问责机制的相关论述，仍然为后来无产阶级政党的建设提供了有价值的指导。

（二）列宁关于政党建设和纪律惩戒的思想

列宁是列宁式政党的开创者，他领导了俄国社会主义革命的成功，建立起了世界上第一个社会主义政权。列宁式政党的特点是政党自上而下建立了严密的科层式组织体系，内部有严密的党内纪律，设有健全的党内组织机构，党内机构领导政府机构的运作。列宁认为，布尔什维克胜利的关键是有铁的纪律。[1]"在目前激烈的国内战争时代，共产党只有按照高度集中的方式组织起来，在党内实行近似军事纪律那样的铁的纪律，党的中央机关成为拥有广泛的权力、得到党员普遍信任的权威性机构，只有这样，党才能履行自己的职责。"[2] 邓小平在对列宁无产阶级政党建设思想进行评价时指出："马克思、恩格斯讲得不多，列宁有个完整的建党的学说。正是因为列宁建立了一个好的党，才能取得十月革命的胜利，建立了第一个社会主义国家。"[3] 列宁高度重视反腐工作，他认为："只要有贪污这种现象，只要有贪污的可能，就谈不上政治，甚至连搞政治的门径都没有，这就不能搞政治，因为一切办法都会落空而不能产

---

[1] 《列宁选集（第四卷）》，人民出版社2012年版，第134页。
[2] 同上书，第254页。
[3] 《邓小平文选（第二卷）》，人民出版社1994年版，第44页。

生任何结果。"① 列宁的廉政思想是列宁在领导俄共（布）进行社会主义探索实践中不断修改、完善、提炼和总结的，因而这一思想体系不论是从理论角度还是实践角度都显示出宏伟博大和广泛精深，是当代社会主义国家进行党风廉政建设的宝贵思想遗产。② 列宁关于党的先进性建设有一个前提和基础，即党员队伍建设的先进性；此外，列宁关于无产阶级政党执政能力建设的关键点也着重体现在党员队伍建设的先进性方面。但党员队伍的先进性建设也是有前提条件的，即要求党员具有高素质与高质量。③

列宁对无产阶级政党先进性建设的思想进行了总结，所形成的理论包括借助先进的理论武装党员、干部；党是有严格纪律的组织，是工人阶级的先锋队；无产阶级政党是以民主集中制为原则建立的先进部队，应该对党员的质量予以充分的重视，并积极紧密地团结群众。④ 保持党的纯洁性的工作主要包括：保持政治纯洁，党要置于人民的监督之下；保持组织纯洁，防止党内腐败变质；保持作风纯洁，始终保持党与群众的密切联系。⑤ 在加强廉政教育方面，列宁提出，廉政的基础是教育，党

---

① 《列宁全集（第三十三卷）》，人民出版社1957年版，第59页。
② 周卫东：《廉政理论研究》，中央编译出版社2005年版，第21页。
③ 孔清华：《列宁关于党员队伍先进性建设的思想探析》，载《山东行政学院山东省经济管理干部学院学报》2007年第2期。
④ 张炳文：《列宁对党的先进性理论的发展及贡献》，载《中共山西省委党校学报》2005年第4期。
⑤ 王庭坚：《试论列宁关于保持执政党纯洁性的最初探索》，载《当代世界与社会主义》2012年第3期。

员干部要树立社会公仆意识，加强与群众的联系，提高政治觉悟和道德修养，建立健全监督机制、加强干部队伍建设、从严治党，注重法治的作用。①

列宁式政党开启了政党领导革命和国家建设的先河，列宁对政党如何建设进行深入思考，提出了许多影响后世政党建设的思想，对政党建设的实践探索具有先导价值。列宁对政党反腐的论述对苏联及中国政党建设产生了深远影响，尤其列宁提出的从严治党、加强干部队伍建设和惩戒党员等观点，是中国共产党开展党风廉政建设和反腐败的重要思想来源。

（三）毛泽东"爱护干部"和"惩前毖后、治病救人"的思想

毛泽东认为，反腐败必须坚定不移地依靠中国共产党的领导。反腐败斗争之所以必须由中国共产党领导，是因为中国共产党"全心全意地为人民服务，一刻也不脱离群众；一切从人民的利益出发，而不是从个人或小集团的利益出发"；是因为中国共产党除了无产阶级和广大人民的利益，没有任何特殊的私利，本身是廉洁的，"我们一切工作干部，不论职位高低，都是人民的勤务员，我们所做的一切，都是为人民服务"；是因为党由马克思主义科学理论武装，能够按照反腐败斗争的规律办事。在中国，没有任何一种政治力量能够像中国共产党这样，正确

---

① 薛忠义、闵雪：《列宁晚年廉政思想探析》，载《廉政文化研究》2012 第 5 期。

领导人民开展反腐败斗争并取得压倒性胜利。中国共产党是反腐败斗争的领导力量。①

一般认为,"四种形态"的思想内核与毛泽东提出的爱护干部和"惩前毖后、治病救人"方针有密切联系。1938年,毛泽东在《中国共产党在民族战争中的地位》一文中提出必须善于爱护干部。爱护的办法是:第一,指导他们。这就是让他们放手工作,使他们敢于负责;同时,又适时地给予指示,使他们能在党的政治路线下发挥创造性。第二,提高他们。这就是给予学习的机会,教育他们,使他们在理论和工作能力上进一步提高。第三,检查他们的工作,帮助他们总结经验,发扬成绩,纠正错误。有委托而无检查,及至犯了严重的错误,才加以注意,不是爱护干部的办法。第四,对于犯错误的干部,一般应采取说服的方法,帮助他们改正错误。只有对犯了严重错误又不接受指导的人,才应当采取斗争的方法。在这里,耐心是必要的;轻易地给人们戴上"机会主义"的大帽子,轻易地采用"斗争"的方法,是不对的。第五,照顾他们的困难。干部有疾病、生活、家庭等困难问题者,必须在可能限度内用心给予照顾。这些就是毛泽东提出的爱护干部的方法。

1942年延安整风期间,毛泽东在《整顿党的作风》报告中指出:"我们反对主观主义、宗派主义、党八股,有两条宗旨是必须注意的:第一是'惩前毖后',第二是'治病救人'。对以

---

① 邵景均:《毛泽东怎样领导反腐败》,载《提高领导科学发展能力暨纪念新中国成立60周年理论研讨会论文集》,2009年10月30日。

前的错误一定要揭发，不讲情面，要以科学的态度来分析批判过去的坏东西，以便使后来的工作慎重些，做得好些。这就是'惩前毖后'的意思……对待思想上的毛病和政治上的毛病，决不能采用鲁莽的态度，必须采用'治病救人'的态度，才是正确有效的方法。"1959年庐山会议上，毛泽东再次提出："对犯错误的同志，采取惩前毖后，治病救人的方针，给犯错误的同志一条出路，允许犯错误的同志改正错误，继续革命，不要像'阿Q正传'上的赵太爷，不许阿Q革命。对犯错误的同志要一看二帮，只看不帮，不作工作是不好的。"

毛泽东在革命战争期间提出的爱护干部理念已经涉及分情况看待犯错误的党员干部了，并根据轻重采取差异化处置方式，对党员干部的错误首先要教育批评，帮助犯错误的同志提高认识，批评教育起不到效果的，应采取斗争的方法，达到"惩前毖后、治病救人"的目的。毛泽东关于整顿党的纪律和对待犯错干部的理念直接影响了"四种形态"的思想内核和内容设计。

（四）邓小平关于党内纪律和党风建设的思想

邓小平在"文化大革命"后总结经验教训时，尤其重视党内纪律和规范的建设，多次强调要整顿党的作风，建立铁的党内纪律和章程。邓小平多次在讲话中提出：为了坚持党的领导，必须努力改善党的领导。[①]"中央和各地党的纪律检查委员会已

---

① 《邓小平文选（第二卷）》，人民出版社1994年版，第271页。

经陆续成立,它们的主要任务就是协助中央和各地党委搞好党风。"① 邓小平强调:"在中国这样的大国,要把几亿人口的思想和力量统一起来建设社会主义,没有一个由具有高度觉悟性、纪律性和自我牺牲精神的党员组成的能够真正代表和团结人民群众的党,没有这样一个党的统一领导,是不可能设想的,那就只会四分五裂,一事无成。"这是全国各族人民在长期奋斗实践中深刻认识到的真理。人民的团结、社会的安定、民主的发展、国家的统一都要靠党的领导。坚持四项基本原则的核心,就是坚持党的领导。问题是党要善于领导;要不断地改善领导,才能加强领导。② 关于党规党纪的建设,邓小平认为,国要有国法,党要有党规党纪。党章是最根本的党规党纪。没有党规党纪,国法就很难保障。各级纪律检查委员会和组织部门的任务不只是处理案件,更重要的是维护党规党纪,切实把我们的党风搞好。对于违反党纪的,不管是什么人,都要执行纪律,做到功过分明,赏罚分明,伸张正气,打击邪气。③

关于党纪和法律如何协调的问题,邓小平认为:"纠正不正之风、打击犯罪活动中属于法律范围的问题,要用法制来解决,由党直接管不合适。党要管党内纪律的问题,法律范围的问题应该由国家和政府管。党干预太多,不利于在全体人民中树立法制观念。这是一个党和政府的关系问题,是一个政治体制的

---

① 《邓小平文选(第二卷)》,人民出版社1994年版,第162页。
② 同上书,第341—342页。
③ 同上书,第147页。

问题。"① 邓小平十分重视通过整顿党的作风提升党组织的战斗力。"整党中需要作组织处理的，在全党，只是很少数。对大多数党员来说，是通过思想教育，增强党性。要使全党在思想上政治上和精神状态上有显著的进步，党员为人民服务而不谋私利的觉悟有显著的提高，党和群众的关系有显著的改善。要通过整党，使党内的批评和自我批评能经常开展。党内不论什么人，不论职务高低，都要能接受批评和进行自我批评。要通过整党，加强党的建设，实现党风的根本好转。每个党员、每个党员干部、每个党组织，都要对照党章进行检查，根据各自的具体情况，作出达到和坚持党章规定的合格标准的努力计划，并保证其实现。各级领导干部，特别是高级干部，更应该严格遵守党章、遵守《关于党内政治生活的若干准则》，起模范作用。这是整党不走过场的又一个重要标志。"②

邓小平高度重视党内的纪律建设，强调通过整顿党的作风提升组织战斗力，对大多数党员采取教育方式，在党内经常开展批评和自我批评，这与"四种形态"的基本理念相一致。邓小平认为，党内纪律和章程是党内治理的依据，纪委是专职的纪律执行机构，他对纪律和法律的适用范围差异进行了思考，他关于纪、法关系的相关讲话具有前瞻性。

---

① 《邓小平文选（第三卷）》，人民出版社1993年版，第163页。
② 同上书，第38—39页。

(五) 江泽民的党风廉政建设思想

1987年党的十三大提出反对腐败的斗争后,受到国内外各种因素的影响,在一段时间内并未实现腐败治理从端正党风政风向反腐败斗争的全面转型。直到1992年党的十四大召开,反腐败斗争被提至新的政治高度,成为党的重要政治任务,反腐败斗争的工作部署才全面展开,腐败治理进入一个全新的探索阶段。

江泽民提出,治国必先治党,治党务必从严,① 并多次强调治党要严,特别是加大了党风廉政建设和反腐败斗争的工作力度,进一步明确了反腐败斗争的指导思想、基本原则、工作格局和领导体制。江泽民在讲话中提出:"全党同志一定要从党和国家生死存亡的高度,充分认识反腐倡廉工作的重大意义,把党风廉政建设和反腐败斗争进行到底。要深刻认识反腐败工作的长期性、艰巨性和复杂性,既要树立持久作战的思想,又要抓紧当前的工作。坚持标本兼治、综合治理的方针,从思想上筑牢拒腐防变的堤防,同时通过体制创新努力铲除腐败现象滋生的土壤和条件,加大从源头上预防和解决腐败问题的力度。我们手中的权力都是人民赋予的,各级干部都是人民的公仆,必须受到人民和法律的监督。要通过加强党内监督、法律监督、群众监督,建立健全依法行使权力的制约机制和监督机制。"②

---

① 《江泽民文选(第二卷)》,人民出版社2006年版,第496页。
② 《江泽民文选(第三卷)》,人民出版社2006年版,第291—292页。

关于如何执行反腐败战略，江泽民提出，各级党政领导干部要带头廉洁自律，集中力量查办一批大案要案，紧紧抓住本地区本部门本单位的突出问题，严格依法办案。对违法违纪案件，要一查到底，以事实为根据，以法纪为准绳。不搞群众运动，不搞人人过关。惩治腐败与扶持正气相结合，建立责任制。党委要加强对纪检监察工作的领导，充分发挥纪检监察机关的作用，切实支持他们的工作。①

江泽民提出的一系列反腐败理念和工作要求体现了社会主义市场经济建设的新要求。比如，提出新时期开展反腐败斗争必须服从和服务于经济建设这个中心，反腐败不要本末倒置，不能干扰、影响甚至阻碍经济工作；要突出重点，查办党政领导机关、司法机关、行政执法机关、经济管理部门和县级以上领导干部中发生的违法违纪案件。又如，使用"党委统一领导""党政齐抓共管""纪委组织协调""部门各负其责""依靠群众的支持和参与"等表述。再如，提出领导干部要带头廉洁自律；集中力量查办一批大案要案；狠刹几股群众反映强烈的不正之风。还如，提出"反腐倡廉，既治标，更要治本；标本兼治，教育是基础，法制是保证，监督是关键"。这些反腐败理念体现了时代特色，其中关于纪法关系、标本兼治等方面的论述极大丰富了中国反腐败思想体系。

1992年党的十四大召开，正式作出在全党开展反腐败斗争的重大决策。党的十四大报告提出，坚持反腐败斗争，是密切

---

① 《江泽民文选（第一卷）》，人民出版社2006年版，第324—326页。

党同人民群众联系的重大问题。要充分认识这个斗争的紧迫性、长期性和艰巨性。在改革开放的整个过程中都要反腐败。十四大修改通过的党章增加了加强党风和廉政建设、反腐败斗争的内容。自此"反腐败斗争"成为历届党代会和党内文件的正式用法,之后的历届党代会报告都会在党建部分提及反腐败斗争,专门分析当前反腐败斗争的形势和工作任务要求。"反腐败斗争"正式取代过去的"反腐蚀斗争""反对腐败的斗争""反贪污贿赂斗争"等称谓,成为一个专门的政治术语。

1993年通过的《中共中央关于建立社会主义市场经济体制若干问题的决定》提出加强廉政建设、反对腐败是建立社会主义市场经济体制的必要条件和重要保证,也是关系改革事业成败,关系党和国家命运的大事,必须切实抓紧抓好。反腐败斗争是长期的、艰巨的任务,要坚持不懈地进行。可以说,在这一阶段,党中央认识到了反腐败斗争的极端重要性,但治理周期是长期的,而非过去认识的短期治理即达目标,腐败治理必须发动全社会的力量,持之以恒地有计划、分阶段实现。[①]

(六)胡锦涛的反腐倡廉思想

进入新世纪、新阶段,国际形势发生了新的深刻变化。这一阶段,社会主义市场经济体制基本建立,经济高速发展带来社会利益格局的快速变化,党所处的执政环境也发生了重大改

---

① 中央纪委研究室编:《十一届三中全会以来党的纪律检查工作大事记》,中国方正出版社2008年版,第204页。

变。面对新的反腐败形势和任务,党中央在前一阶段取得的反腐败工作成效的基础上,继续坚持标本兼治、综合治理的基本战略,同时特别突出预防腐败的作用,重视建立健全腐败预防体制机制。21世纪之初面对复杂的国内外环境,党坚持探索新世纪反腐败斗争的新道路。党的十六大报告一方面肯定了廉政建设和反腐败斗争深入开展取得的明显成效;另一方面明确指出当前还存在着滋生腐败的多方面复杂因素,坚决反对和防止腐败,是全党一项重大的政治任务。不坚决惩治腐败,党同人民群众的血肉联系就会受到严重损害,党的执政地位就有丧失的危险,党就有可能走向自我毁灭,必须旗帜鲜明、毫不动摇地把反腐败斗争深入进行下去。

2003年,十六届中央纪委二次全会工作报告提出,我们既置身于世界多极化和经济全球化的时代潮流之中,又面临西方发达国家在经济科技军事等方面占优势的压力和敌对势力对我实施"西化""分化"的图谋。中国正处在政治、经济、文化建设和体制改革的过程中,诸多社会矛盾相互交织。加入世界贸易组织后中国的对外开放进一步扩大,在更大范围和更深程度上参与国际竞争。这些因素的存在,给解决腐败问题增加了复杂性。腐败现象易发多发的土壤和条件尚未消除,重大违纪违法案件一再发生,有些不正之风还比较突出,腐败问题仍然是人民群众十分关注的问题,反腐败斗争的形势依然严峻。

2012年1月,十七届中央纪委七次全会工作报告进一步提出:"当前党风廉政建设和反腐败斗争呈现出成效明显和问题突出并存,防治力度加大和腐败现象易发多发并存,群众对反腐败期望值不断上升和腐败现象短期内难以根治并存的总体态势，反腐败斗争形势依然严峻、任务依然艰巨。"这"三个并存、两个依然"是对反腐败斗争形势重大判断新的概括和具体化。

2012年11月，党的十八大报告特别强调，新形势下，党面临的执政考验、改革开放考验、市场经济考验、外部环境考验是长期的、复杂的、严峻的，精神懈怠危险、能力不足危险、脱离群众危险、消极腐败危险更加尖锐地摆在全党面前。

胡锦涛对反腐败思想体系建设的重要贡献是提出了反腐倡廉建设的概念，提倡不断提高反腐倡廉建设科学化水平，强调建立健全以预防和惩治腐败体系为重点的反腐倡廉建设，坚持标本兼治、综合治理、惩防并举、注重预防的方针，在惩治腐败的同时，更加注重治本、注重预防。建立健全教育、制度、监督并重的预防和惩治体系；强调进一步抓好大案要案查处，强化教育和监督，促进领导干部廉洁自律，纠正损害群众利益的不正之风；注重制度建设，深化体制机制改革，争取从源头上预防和解决腐败问题。其反腐败理念基本延续江泽民时代的反腐败理念和方法，并在此基础上创新和发展，重点突出。[①]

2007年6月25日，胡锦涛在中央党校发表重要讲话时第一次提出反腐倡廉建设的概念。在党的十七大报告中，胡锦涛又一次提出要加强反腐倡廉建设。这是党的报告中首次提出该概

---

① 许瑞、王永志：《胡锦涛反腐倡廉建设思想论要》，载《辽宁行政学院学报》2011年第8期。

念,并且把它同党的思想建设、组织建设、作风建设和制度建设并列起来,成为党的五大建设的重要组成部分。正如时任中央纪委书记贺国强同志所说的:党的十七大创造性地提出了反腐倡廉建设的重要概念,这体现了对党的建设规律认识的深化,进一步丰富了党的建设的内涵、拓展了党的建设的领域。

进入21世纪后,以胡锦涛为核心的新一届领导集体继承发展并创新了中国三代领导人的反腐廉政建设的理论与实践,阐述了新时期加强反腐倡廉建设的重要性,把反腐倡廉建设放在了更加突出的位置,进一步提出了标本兼治、综合治理、惩防并举、注重预防的方针。这些思想理念推动了国内反腐败思想体系的发展,为后续反腐败实践的发展提供了坚实的基础。此外,该阶段还开始着手探索反腐败相关制度建设。2010年,胡锦涛同志在十七届中央纪委五次全会上发表讲话,指出反腐倡廉制度建设是惩治和预防腐败体系建设的重要内容,要以建立健全惩治和预防腐败体系各项制度为重点,以制约和监督权力为核心,以提高制度执行力为抓手,加强整体规划,抓紧重点突破,逐步建成内容科学、程序严密、配套完备、有效管用的反腐倡廉制度体系。

在该阶段,党中央先后发布《建立健全教育、制度、监督并重的惩治和预防腐败体系实施纲要》和《建立健全惩治和预防腐败体系2008—2012年工作规划》,明确提出反腐倡廉建设的概念,并将其与党的思想建设、组织建设、作风建设、制度建设一起作为党的建设的主要任务,要求"以完善惩治和预防腐败体系为重点加强反腐倡廉建设",并把"坚持标本兼治、综合治理、惩防并举、注重预防的方针，建立健全惩治和预防腐败体系"写入党的十七大通过的党章，进一步明确了惩治和预防腐败体系建设的指导思想、基本要求、工作目标。

（七）习近平关于党的建设和反腐败的思想

在国内外环境发生重大变化的新背景下，党面临着执政考验、改革开放考验、市场经济考验和外部环境考验，反腐败斗争的形势比过去更为复杂和严峻。党的十八大以后，习近平深刻总结国内外反腐倡廉经验，开创性地将"一体推进不敢腐、不能腐、不想腐"作为反腐败斗争的基本方针和新时代全面从严治党的重要方略。这个新的反腐败方略是过去长期探索的反腐败理论和实践走向成熟的体现，反腐败斗争自此进入一个全新的阶段。

以习近平同志为核心的党中央高度重视反腐败建设，不仅取得了反腐败斗争的重大进展，也形成了一系列反腐败思想体系。习近平反腐倡廉思想可以概括为三部分："一是明确逻辑基点，在价值取向上回答了'什么是反腐倡廉'，形成反腐倡廉本质论；二是坚持问题导向，在战略高度上回答了'为什么反腐倡廉'，形成反腐倡廉地位论和反腐倡廉形势论；三是立足实际情况，在整体方略上回答了'怎么样反腐倡廉'，形成反腐倡廉目标论、反腐倡廉布局论、反腐倡廉策略论、反腐倡廉核心论、反腐倡廉驱力论和反腐倡廉载体论。"① 针对腐败问题愈演愈烈的严峻形势，以习近平同志为核心的党中央高度重视反腐倡廉工作，提出既要旗帜鲜明地反对腐败，又要坚持标本兼治、综合治理、重在预防的科学反腐新思路。对反腐败保持高压态势，坚持做到有案必查，呈现出态度坚决、依靠法律和制度、强化监督、常抓不懈的反腐新格局，开创了新时期反腐倡廉工作的崭新局面，彰显了新的中央领导集体对全面从严治党和反腐倡廉的信心和决心，在反腐倡廉思想上呈现新的时代特点。

2013年9月23日至25日，习近平在指导河北省委常委班子专题民主生活会时强调："批评和自我批评是一剂良药，是对同志、对自己的真正爱护。开展批评和自我批评需要勇气和党性，不能把我们防身治病的武器给丢掉了。"习近平所提出的一系列反腐败理念与"四种形态"的形成有直接关系。2014年3月17日，习近平在河南省兰考县调研时提出："要用好批评和自我批评武器，有一点'辣味'，让每个党员干部都能红红脸、出出汗。"2015年，王岐山在福建调研时首次提出"四种形态"的经典表述，其中第一种形态即习近平多次强调的批评和自我批评、"红红脸、出出汗"等内容，可以说"四种形态"的内容直接来自习近平的反腐败和党风廉政建设思想。

---

① 黄红平、曹海宏：《习近平反腐倡廉思想的内容结构体系论纲》，载《廉政文化研究》2016年第6期。

二、"四种形态"与反腐实践和策略转型

（一）革命战争时期的政党领导反腐实践

中国共产党自成立之日起，拒腐防变的历史任务就摆在了它的面前。从历史使命方面看，中国共产党肩负着推翻腐败的、存在剥削和压迫的旧政权，建立没有剥削和压迫、清正廉洁的新政权的重任。从自身建设方面看，中国共产党致力于把自身建设成以全心全意为人民服务为宗旨、以实现共产主义为目标的无产阶级政党。在防治腐败的具体实践中，中国共产党就如何加强制度建设、保持自身纯洁的问题不断进行探索。自创立之初，中国共产党就高度重视纪律建设和反腐败工作，这既与列宁式政党对政党纪律的高要求有关，也是中国共产党开展地方革命政权建设的现实需求。早在1926年，中共中央就发布了《关于坚决清洗贪污腐化分子的通告》，要求各地党组织清查党内投机腐败分子，这是中共最早发布的关于反腐败的专门文件。1927年，中共五大选举产生了中央监察委员会，这是党历史上的第一个中央纪律检查监督机构，但该机构后来被撤销，改由级别较低的审查委员会负责监督党内财务和行政工作。1933年9月17日，中共中央作出《关于成立中央党务委员会及中央苏

区省县监察委员会的决议》,其中指出,"为要防止党内有违反党章破坏党纪,不遵守党的决议及官僚腐化等情弊发生,在党的中央监察委员会未正式成立以前,特设立中央党务委员会,各省县于最近召集的省县级党代表大会时选举省县级的监察委员,成立各省县监察委员会。"该决议还规定了中央党务委员会及省县监察委员会的职责:以布尔什维克的精神,维持无产阶级政党的铁的纪律,正确地执行铁的纪律,保证党内思想和行动的一致,监督党章和党决议的实行,检查违反党的总路线的各种不正确的倾向与官僚主义及腐化现象等,并与之作无情的斗争。

除了在中共中央层面建立反腐监督机构和发布反腐方案,中共领导的反腐败体系还全面推广至根据地政府。1931年11月,中华工农兵苏维埃第一次全国代表大会召开,在宣布成立中华苏维埃共和国临时中央政府的同时,还通过了《工农检查处问题的决议案》。该决议案规定,工农检查处是中华苏维埃政府的一部分,代表工农和城市贫民的利益。从此,一套从中央到地方的监察系统在中央苏区建立。这套监察系统由中央工农检察人民委员部、地方各级检察部、控告局和各级检举委员会组成。根据《中华苏维埃共和国宪法大纲》的要求,中央苏区还建立了由突击队、轻骑队、工农通信员及群众法庭四部分构成的群众性监察组织,其他革命根据地也探索建立了各自的反腐制度。除此之外,中国共产党在抗日战争期间还建立了大量抗日根据地,苏中区于1942年颁布的《苏中区各级行政人员公约》要求,消除落后的地位和雇佣观念,使工作作风实现守法、廉洁、奉公，无贪污、受贿、浪费、营私的行为，不对百姓进行欺压，不对下级进行压迫或姑息，不对上级进行蔑视或欺骗等。①1943年5月，陕甘宁边区政府颁布了《陕甘宁边区政务人员公约》，从十个方面详细规定了政务人员应该遵守的职业规范和道德规范，再三强调要公正廉洁和奉公守法。②

除建章立制外，这一阶段中国共产党还探索了其他形式的反腐败方法，比较典型的是通过运动整顿党风和反腐败。1942年，毛泽东号召全党开展了著名的整风运动，中央成立了以任弼时、高岗为首的学习委员会来具体领导边区的整风运动。这次整风运动要求联系边区历史实际，整顿思想和作风，开展"反对主观主义以整顿学风，反对宗派主义以整顿党风，反对党八股以整顿文风"，清除王明错误路线的影响和流毒。③整风运动要求全体党员自我反省和自我批评，提倡发扬民主精神，引导大家正确地开展批评与自我批评。④毛泽东在整风运动中提出的"惩前毖后、治病救人"方针成为后来"四种形态"的重要思想渊源。

这一时期，受到革命战争形势的影响，党内腐败问题并不突出，党组织内部纪律体制建设的紧迫性不及对敌斗争。中国

---

① 中国新四军和华中抗日根据地研究会编：《华中抗日根据地史》，当代中国出版社2003年版，第452页。
② 陕西省档案局编：《陕甘宁边区法律法规汇编》，三秦出版社2010年版，第139页。
③ 张建儒、杨健主编：《陕甘宁边区的创建与发展》，陕西人民出版社2008年版，第95页。
④ 闫树声、胡民新、李忠全主编：《陕甘宁边区史（抗日战争时期·中、下篇）》，西安地图出版社1993年版，第149页。

共产党在这个阶段的反腐败探索有两个显著特点：一是战争期间实行军事优先的基本原则，党的纪律建设和反腐败均以服务于军事斗争为方向，以保障党组织和军队的战斗力为方向，一些反腐机构兼有军事功能，党纪管理部门和反腐败机构的专业性不强。二是党在党风整顿和反腐败过程中发现了运动式整风的有效性，运动式整风可以快速统一思想，提升党组织的战斗力。

（二）1949—1978年的反腐运动经验和教训

中华人民共和国成立以来，党领导的党内反腐和国家反腐行动从未间断，1949—1978年以开展自上而下发动的运动反腐为主。这种模式主要做法是，中共中央向全党全国发布开展反腐的任务要求，然后在一定时间内开展全党全国范围内的反腐行动，各级党组织和各地反腐机构集中清查各自管辖领域内的腐败问题，同时伴随思想教育、作风整顿等工作。这一时期反腐的规范化和专业化程度不高，比较典型的是中华人民共和国成立初期发动的整党整风运动、"三反""五反"运动以及"四清"等政治运动。

回顾1950年的整风运动，它瞄准的是党内存在的突出矛盾与问题。中央明确规定：整风的目的是"严格地整顿全党作风，首先是整顿干部作风""克服党内首先是领导干部中的居功自傲情绪、命令主义作风，以及少数人贪污腐化、政治上堕落颓废、违法乱纪等错误,密切党和人民的联系"。① 伴随中华人民共和国的成立,中国共产党威望日增,要求入党者十分踊跃。1949 年是党组织快速发展的一年,全年共吸收新党员 140 万人。到 1951 年 4 月,党员总数已从 1949 年 9 月的 448 万余人猛增至 580 万人;在全国建立了近 25 万个基层党支部,成为具有广泛群众性的大党。新党员给党增添了新鲜血液,但不少人在思想认识上没有达到应有高度,思想作风不纯;当时党员的构成仍以农民居多,文化程度普遍很低。② 据 1949 年下半年的统计,在 326 万多名地方党员中,农民出身的占 83%;文盲半文盲占 69%,小学文化程度占 27.66%。全党整风运动自 1950 年下半年开始,经分批整训,于同年底结束。整风的重点是各级领导机关和干部。整风的主要任务是提高干部和一般党员的思想水平和政治水平,克服工作中所犯的错误,克服以功臣自居的骄傲自满情绪,克服官僚主义、命令主义,改善党和人民的关系。整风的主要方式是阅读指定文件、总结工作、查找问题、分析情况、开展批评和自我批评。整个过程大致分为三个阶段:一是进行组织动员,查找各项工作中存在的问题;二是结合实际,着力解决问题;三是进行个人思想的总结和反思。整党整风运动的开展推动了党的作风建设、思想建设和组织建设,提高了党员的政治素质,增强了党的战斗力,保证了党组

---

① 谌玉梅:《从 1950 年整风运动中领悟全面从严治党经验》,载《新湘评论》2021 年第 21 期。
② 中共中央文献研究室编:《建国以来刘少奇文稿(第三册)》,中央文献出版社 2005 年版,第 175 页。

织的纯洁性，保持了党同人民群众的血肉联系，进而有效巩固了新生政权，有力推进了以除旧布新为特征的各项建设事业。

随着解放战争的胜利，党的工作重心逐渐由农村转移到了城市，部分党员在城市环境中出现腐化问题，其中最突出的是进城后的中下层涉商干部。面对当时占全国30%左右的私有经济，部分中下层干部的"革命意志"很快就被灯红酒绿的城市生活腐化了。毛泽东在中华人民共和国成立初期百废待兴和朝鲜战争尚未结束的背景下，坚持发起以整顿党纪党风和反腐败为目的的"三反""五反"运动。毛泽东直接提出"需要来一次全党的大清理，彻底揭露一切大、中、小贪污事件"①。"应把反贪污、反浪费、反官僚主义的斗争看作如同镇压反革命的斗争一样的重要，一样地发动广大群众包括民主党派及社会各界人士去进行，一样的大张旗鼓去进行，一样的首长负责，亲自动手，号召坦白和检举，轻者批评教育，重者撤职、惩办、判处徒刑（劳动改造），直至枪毙一批最严重的贪污犯，才能解决问题。"②"三反"运动始于1951年末的东北，"五反"运动始于1952年1月。根据中央纪委等机构的工作报告，截至1952年7月，被认定为有贪污行为的人有近150万之多，其中16.5%是党员干部。在这些贪污腐败分子中，给予刑事处罚的共38402人，约占3.6%；其中，给予处罚最多的是机关管制和劳动改造，分别为17175人和11165人，各自占刑事处罚的

---

① 马齐彬等编：《中国共产党执政四十年》，中共党史资料出版社1989年版，第41页。
② 《毛泽东文集（第四卷）》，人民出版社1999年版，第191页。

44.7%和29.1%；另有四分之一给予有期徒刑；判处无期徒刑和死刑的分别为67人和42人。① "三反"运动从性质上说，是无产阶级政党反对资产阶级腐蚀的斗争，也是改造国家机关、移风易俗的社会改革运动。② "三反"运动是中华人民共和国成立后，中国共产党开展的第一次大规模的反腐败专项斗争。③ "三反""五反"运动整顿了党内纪律，极大提高了党员干部的廉洁意识，打击了中华人民共和国成立后出现的腐败现象，进一步提高了党在人民群众中的威望。

1950年开展的"三反"运动是一次反腐专项行动，"三反""五反"运动结束之后，党中央在全国范围内又陆续开展了一系列政治运动，某些政治运动带有反腐色彩，但其本质已偏离整顿党风和反腐败的要求。

总体来说，这个时期的党风建设和反腐败以专项运动形式为主，一般由党中央发布具体的工作内容、要求和形式，然后发动全国各地的党组织开展治理行动，并将其逐步演变为社会各界广泛参与的群众性运动。此类模式具有短期内见效快的特点，但是往往伴随地方执行中的过激措施，以至于出现大量违法违规的暴力事件，而且这些运动往往政治色彩浓厚，后期逐步为各类政治性运动所裹挟，反腐的专业化建设相对粗疏。

---

① 吴珏：《"三反"、"五反"运动纪实》，东方出版社2014年版，第83页。
② 中共中央文献研究室编：《关于建国以来党的若干历史问题的决议注释本（修订）》，人民出版社1985年版，第208—209页。
③ 任婷婷、李强：《"三反"运动与反腐败斗争》，载《山东教育学院学报》2001年第2期。

(三) 改革开放后的专门反腐体制的建设和探索

改革开放之后四十年，中国经济取得了惊人的成绩，然而长期存在的权力监督和法治方面的不足，导致公权力在经济高速增长中获得了大量寻租空间，与经济利益相关的腐败问题愈发突出，成为党和国家不得不重点应对的问题。在这个时期，中国采取了制度化与运动式治理相结合的反腐策略，从运动式反腐逐步走向依靠法治建设和专门机构反腐的道路。邓小平认为，惩治腐败尤其要搞好制度建设。因为"制度问题更带有根本性、全面性、稳定性和长期性"。只有从制度上健全监督和防范，才能有效防止腐败现象滋生蔓延，因此要深化改革，健全制度，完善机制。20世纪90年代，以江泽民为核心的中央领导集体在继承和发展邓小平上述思想的基础上，更加突出依靠制度进行廉政建设根治腐败的指导思想。反腐败战略也从20世纪80年代的"双管齐下"发展为标本兼治、"三管齐下"，即进行思想政治教育特别是廉政教育，积极查办大案、要案，惩治腐败分子，依靠制度建设从源头上预防和治理腐败。这一时期，制度创新被确认为反腐败的治本之策。[1]

随着依法治国的不断推进，特别是党的十六大后，我国的

---

[1] 彭向刚、郝玲玲：《建国以来反腐倡廉建设的回顾与展望》，载《同济大学学报（社会科学版）》2009年第5期。

反腐模式逐步从权力反腐转变为制度反腐，具体表现为以下几方面：一是重建党内纪律检查机关，发挥纪委在调查和处置党内纪律问题中的作用，出台大量党内法规文件，为规范党员管理提供政策文件依据。在党内，《中国共产党党内监督条例》《中国共产党纪律处分条例》《中国共产党党员权利保障条例》等党内条例及其配套规定和办法的发布实施，为反腐倡廉工作提供了强有力的制度支持，并总结出了一套较为完整的反腐败理论框架。二是建立国家反腐败机关，20世纪90年代，我国在检察系统内建立了反贪污贿赂体系，由反贪污贿赂局承担调查职务犯罪的主要职责，检察机关在查办职务犯罪过程中发挥了积极作用。随着2016年监察体制改革的开展，监察委员会开始承担调查职务犯罪的主要职责，反腐专业化进入新的历史阶段。三是党和政府着力加强法治建设，出台反腐败的规章制度，例如增加反腐败法律的覆盖面、改革中央巡视组制度等，务求将廉政建设制度化、常态化。建立反腐制度并清晰界定贪腐行为可以提高社会的稳定预期，让官员和公众明白何为可为、何为不可为，提升干部和广大民众对腐败行为的警觉性。同时，修订刑法、刑事诉讼法等法律法规中关于职务犯罪的认定、处置程序等规范，充分保障犯罪嫌疑人的人权，通过法治建设减少过去大量出现的违法办案情形。四是在可控范围内开展反腐专项行动，在特定时间内集中力量打击腐败问题。改革开放后，党和国家曾多次发起针对腐败的专项行动，如20世纪80年代在全国范围内开展的反腐行动。这一时期，检察机关集中查处了大量腐败案件，办案数量急速上升。1989年8月15日，最高人民法院、最高人民检察院联合发布《关于贪污、受贿、投机倒把等犯罪分子必须在限期内自首坦白的通告》，督促涉嫌贪污贿赂和投机倒把等犯罪的行为人尽快自首，自通知下发之日起至1989年10月31日，全国共有36171人到检察机关投案自首，追缴涉案金额高达2.09亿元。[①]

从这一历史时期的实践看，党内治理和反腐败上升至比过去更重要的地位，但摆脱了运动治理的模式。虽然改革开放后在全国范围内出现多次打击腐败犯罪的专项行动，但这些专项行动均由纪律检查机关和检察机关等专门办案机关负责，办案遵守已成文的党内法规和国家法律，专业化反腐的色彩较浓厚，未出现发动群众广泛实质参与办案过程的现象，整个过程均在可控范围内开展。此外，随着中国对反腐的持续深入探索，政党领导反腐的理念和模式也趋于成熟，2015年提出的"四种形态"就是这种转型的体现，政党反腐和国家反腐的一体化水平不断提升，政党反腐的理念和方式方法也更为健全。

---

① 《最高人民检察院工作报告（2002年03月11日在第九届全国人民代表大会第五次会议上）》，http://www.spp.gov.cn/spp/gzbg/200602/t20060222_16371.shtml，2021年5月31日访问。

第三章
"四种形态"对纪检监察工作的形塑及实践反思

"四种形态"最初的官方表述是监督执纪"四种形态",其适用范围是党内的监督执纪工作,以策略方法和工作原则的方式规制监督执纪工作。"四种形态"在 2015 年提出之后迅速推广至全国各地的纪检系统,但 2016 年的监察体制改革对其适用范围和形式产生了诸多影响。监察体制改革建立了专职监督公职人员的监察委员会,在体制上实现了纪委和监察委的合署办公,两个机构的职能一体运行。这种运行模式改变了"四种形态"的适用范围和形式。"四种形态"从适用于监督执纪领域,逐步扩张至监察执法领域,对非党员的领导干部同样适用,这也意味着"四种形态"的范围远超过去。但是"四种形态"用于监察执法领域后,其表现形式、具体措施、各形态的特征等是否发展变化,尤其是跟监察体制改革前的监督执纪"四种形态"比较有何变化,需要结合其运行实践情况深入探索。

一、国家监察体制改革与"四种形态"的扩张适用

(一) 纪检和监察委的职能整合是适用基础

在纪委、监察委合署办公的特殊组织框架下,纪委和监察委虽名为两个机关,且拥有两套性质不同的职权、程序和制度规范,但真正的权力执行主体却只有一个,甚至是同一个部门同时执行这些权力。在监察体制改革之前,纪委和检察院是反腐败调查的两个主要机关,纪委通过查处党员违纪行为参与反腐败工作,检察院则通过侦查职务犯罪参与反腐败工作,两者在反腐败过程中的合作是一种典型的纪法关系。监察体制改革在全国推开之后,新设立的监察委成为主要的职务违法和职务犯罪调查机关,并依照《监察法》等国家法律规范开展调查工作。在纪委和监察委合于一体的特殊模式中,过去存在于纪委和检察院外部的纪法关系,逐步进化为纪委和监察委内部的纪法衔接关系。除了纪委和监察委在内部进行名义上的业务衔接,监察委自身也存在着纪法衔接关系,这里的"纪"主要是指监察委对国家工作人员履职不当等违反政务纪律行为的调查处理程序,"法"主要是指监察委对国家工作人员职务违法和犯罪

的调查处理程序,这两类程序都是更高层次的监察调查程序的组成部分。无论是纪委与监察委的纪法关系,还是监察委内部的纪法关系,在某种程度上都显现出趋同化和一体化。

1. 纪检和监察两类职能的内部运行流程分析

《监察法》并没有对监察调查程序进行分类规范,只是对监察调查程序进行了整合式的概括规定,所以立法层面的职务违法和犯罪调查程序的内容基本一致,具体表现在两类程序的调查流程都分为线索受理、初核、立案、调查和审理这几个阶段,程序报批模式一致,其他的程序流转内容也基本一致。两类程序唯一的区别是强制调查措施的适用范围存在差异,某些调查措施只适用于严重职务违法和职务犯罪调查,而不适用于一般职务违法调查,比如留置措施、技术调查措施等就不适用于一般职务违法调查。

在合署办公的组织模式中,纪委和监察委名为两个机关,实为一个机关,两者的内设组织机构完全一致,由同一个调查部门承担两类程序中的调查任务,即执纪审查部门既调查违反党纪的案件,又调查违反监察法律的案件,党纪调查程序和监察调查程序有彼此融合的趋势,在此有必要对党纪调查程序进行梳理。一般来说,纪委的调查程序包括以下的内容:

第一,调查对象。根据《中国共产党纪律处分条例》的规定,纪委管辖的案件是关于党组织和党员违反党章和其他党内法规,违反国家法律法规,违反党和国家政策,违反社会主义道德,危害党、国家和人民利益的行为。也就是说,任何党组织和党员出现了上述纪律处分条例规定的行为,都有可能受到纪委的调查处理。

第二，管辖模式。《中国共产党纪律检查机关监督执纪工作规则》规定了纪委监督执纪工作实行分级负责制，[①] 即各级纪委按照干部管理权限对党员干部违纪行为进行调查处理，上级纪委可以直接管辖下级纪委的案件，也可以将下级纪委管辖的案件指定给其他下级纪委管辖。

第三，领导模式。纪委调查违纪案件严格贯彻请示报告制度，以及向同级党委的报告制度，立案、调查和处分等重要的调查事项都要逐级上报领导讨论批准。纪检监察机关应当坚持民主集中制，对于线索处置、谈话函询、初步核实、立案审查调查、案件审理、处置执行中的重要问题，经集体研究后，报纪检监察机关相关负责人、主要负责人审批。

第四，分工模式。纪委调查违纪案件实行内设部门分工合作模式，并建立了执纪监督、执纪审查、案件审理相互协调、相互制约的工作机制。纪委内部的执纪监督部门负责联系本地区和部门的日常监督工作，执纪审查部门负责对违纪行为进行初步核实和立案审查，案件监督管理部门负责办案的综合协调和内部监督管理，案件审理部门负责对违纪案件进行审核把关。

第五，调查流程。纪委的党纪调查流程和监察委调查流程较为相似，具体来说，在流程上主要分为以下几个阶段：

---

① 所谓分级负责制，是指根据干部管理权限，纪委只能调查处理同级党委及组织部门管理的党员干部，比如中央纪委主要调查处理由中央组织部门管理的干部，省纪委调查处理由省组织部门管理的干部，具体的干部管理权限规定由党的组织部门文件确定。

一是线索受理。纪委信访部门负责受理所有信访举报材料，纪委内部执纪审查等部门发现的线索应移交案件监督管理部门备案或管理，其他机关移送的线索也交由案件监督管理部门统一管理。案件监督管理部门对线索进行整理后，移交承办部门处理，承办部门按照谈话函询、初步核实、暂存待查、予以了结这四类方式进行处置。

二是初步核实。调查部门决定采取初步核实方式处理案件线索的，应拟定工作方案，成立初核组，逐级上报领导审批，并根据干部管理权限报同级党委负责人批准。调查人员可以采取谈话的方式，要求相关人员做出说明，调取个人有关事项报告，查阅复制文件、账目、档案等资料，查核资产情况和有关信息，采取鉴定勘验、技术调查或者限制出境等措施进行调查核实。初核结束后，调查人员应当撰写初核报告，在报告中按照拟立案审查调查、予以了结、谈话提醒、暂存待查，或者移送有关党组织处理等方式提出处置建议，并层报纪委主要负责人审批，必要时向同级党委主要负责人报告。

三是立案审查。初核后发现符合立案条件的，由承办部门起草呈请立案报告，报请纪委主要负责人审批，并报同级党委主要负责人批准后正式立案。立案之后，由纪委主要负责人召集执纪审查专题会议，讨论具体的审查方案，执纪审查部门应该严格按照审查方案开展调查工作。调查人员可以采取调查谈话，查阅、复制有关文件资料，查询有关信息，暂扣、封存、冻结涉案款物，提请有关机关采取技术调查、限制出境等措施，调查期限是 90 天，经上级纪委批准，可延长一次，最长延长时间为 90 天。调查人员应严格按照《中国共产党纪律检查机关监督执纪工作规则》对调查人员数量、调查手续、录音录像、被调查对象权利保护等开展执纪审查工作。

四是案件审理。调查人员完成案件审查工作后，应制作案件审查报告，并层报纪委主要负责人审批，之后再移送审理部门进行审理。审理部门接到审查报告后，应组织 2 人以上的审理组，以集体审议的方式开展审理工作，审理标准是"事实清楚、证据确凿、定性准确、处理恰当、手续完备、程序合规"，案件审理应当在 30 天内结束，重大复杂案件经批准可以适当延长。审理部门应将审理结果层报纪委主要负责人审批，并由纪委主要负责人提交纪委常委会集体讨论，必要时要报请同级党委负责人审批。

在对纪委党纪调查流程进行剖析后，我们可以对党纪调查程序和监察调查程序进行比较，两者主要的区别是：一是适用依据不同，党纪调查程序适用《中国共产党纪律检查机关监督执纪工作规则》等党内程序规定，监察调查程序适用《监察法》等监察法律规定。二是程序性质不同，党纪调查程序属于党员调查处分程序，是党组织内部的处分程序；监察调查程序是明确的法律程序，是一种对职务违法和职务犯罪的调查程序。三是调查措施差异，党纪调查程序和监察调查程序中的调查措施较为类似，但又不完全相同，比如监察调查程序中有留置等新设立的调查措施，这是党纪调查程序中所没有的。四是调查名义上的主体不同，党纪调查程序是纪委负责实施的调查程序，而监察调查程序是监察委负责实施的调查程序。五是程序处理结果差异，党纪调查程序最终流向党纪处分程序，而监察调查程序可能流向政务处分、审查起诉等处理程序。以上是党纪调查程序和监察调查程序的主要不同之处，但是两类程序在实际运作中受合署办公等因素影响，差异可能被弱化，两类调查程序实质上是同一个组织机构在负责实施，两类程序的运行流程也基本一致，这导致两个程序出现了实际上的趋同。

2. 内部程序趋同的表现

监察体制改革对职务犯罪调查程序模式产生了根本影响，传统的违纪调查和职务犯罪侦查单轨衔接模式终结，取而代之的是监察调查和职务犯罪侦查双轨并行模式。这种双轨并行模式在外部表现为监察调查程序与职务犯罪侦查程序的并行，在内部则表现为党纪调查程序、职务违法调查和犯罪调查程序并存的多轨程序。在纪委、监察委合署办公模式下，纪委的党纪调查程序和监察委的调查程序成为同一个机关的内部程序，这些内部程序受合署办公模式的影响，在纪委、监察委内部表现出很强的亲和性。因此，从纪委和监察委的内部关系来说，这些内部程序可以分为党纪调查程序和监察调查程序两个大类，两类程序分别以《中国共产党纪律检查机关监督执纪工作规则》和《监察法》为主要依据，[①] 两类程序的性质分别属于党和国家两个层面。当然，这两类程序也存在很多相通之处，如

---

① 目前最高立法机关颁布实施的《监察法》的内容较为概括，对监察程序的具体运行细节规定不够明确，各地在调查办案中更多还是依赖内部制定的程序细则，这些程序细则很大程度上参照了《中国共产党纪律检查机关监督执纪工作规则》。

两者在调查组织、调查流程、审批程序等方面类似,甚至中央纪委出版的监察法解读材料也要求监察程序借鉴《中国共产党纪律检查机关监督执纪工作规则》的内容。两者的具体相似之处如下:

第一,权力运行工作原则类似。纪委是专门调查处理党员违纪问题的党务机关,监察委则被定位为党和国家的政治机关,监察工作被赋予党和国家两个层面的属性,并特别突出了党对监察委工作的领导,且考虑到监察委不设党组,而是由纪委党组直接领导工作,两个机关实质上都接受党的直接领导。《中国共产党纪律检查机关监督执纪工作规则》和《监察法》明确了两者接受党的统一领导、实行双重领导体制,以及属人管辖等相似的基本工作原则。

第二,程序流程一致。根据《中国共产党纪律检查机关监督执纪工作规则》对党纪调查程序的规定,党纪调查程序同样分为线索处置、初核、立案调查、审理这几个基础阶段,且党纪调查程序的运行细节和操作规程与监察程序也基本一致,比如两类程序在线索处置时限、退回调查方式等具体程序上基本相同,甚至两者的审理标准和使用的立法语言也是完全一样的,立法内容可以说是高度一致。两类程序主要的区别在于程序性质不同,且使用的法律文书不同,当然程序最后的流向也有差异。①

---

① 在实际办案过程中,纪委和监察委仍然采取了使用两套法律文书的做法,党纪调查和监察调查的措施也有区别,监察调查可以使用留置等新型调查措施,而纪委的"两规"措施已经停止使用,两类程序对调查对象的处理方式也有所不同。

第三，调查措施类似。纪委在党纪调查程序中可以使用调查谈话，查阅、复制有关文件资料，查询有关信息，暂扣、封存、冻结涉案款物，提请有关机关采取技术调查、限制出境等调查措施，而监察委的调查措施则包括谈话、询问、讯问、查询、冻结、调取、查封、扣押、搜查、勘验检查、鉴定、留置、技术调查、通缉等。监察委使用的通缉、冻结、搜查、勘验检查、鉴定、讯问等措施的内容和执行方法与刑事侦查中的相关内容基本一致，监察委的调查措施在某种程度上直接借鉴自刑事诉讼中的侦查措施。另外，监察委使用的查询、技术调查、复制资料、限制出境等与纪委调查措施基本相同。

第四，程序边界模糊。在合署办公的体制架构下，党纪调查程序和监察调查程序其实属于同一执行群体操作的内部程序，而按照机关内部职能分工的要求，最终会由一个调查部门同时负责所有的调查工作，甚至多数时候是一个调查组在操作这些不同性质的程序。然而初查阶段，案件尚未确认法律属性，调查组在选择使用哪套工作程序方面存在一些困难，而且监察程序自身也存在着职务违法程序和犯罪调查程序的差异，这些程序在实际运行中也存在着如何厘清边界的问题。另外，《监察法》还规定了留置可以适用于严重职务违法和犯罪，这实际上进一步模糊了职务违法和职务犯罪的调查边界，使实践中对两类程序的区分变得更为困难。

（二）"四种形态"与监察执法的兼容性

监察体制改革的一个重大成果是真正打通了"四种形态"，

让"四种形态"不仅成为执纪的规定,也成为执法的规则,实现了规、纪、法的有机贯通。要准确运用监督执纪"四种形态",纪检监察机关必须同步履行执纪与执法两项职责,用好纪律和法律"两把尺子",把制度优势加快转化为治理效能。① 从"四种形态"的基本内容看,第一种形态是经常开展批评和自我批评、约谈函询,让"红红脸、出出汗"成为常态;第二种形态是党纪轻处分、组织调整成为违纪处理的大多数;第三种形态是党纪重处分、重大职务调整的成为少数;第四种形态是严重违纪涉嫌犯罪追究刑事责任的成为极少数。后三种形态中的组织调整、职务调整和立案审查可直接适用于非党员身份的公职人员,"四种形态"的后三种形态可以成为监察执法的基本依据。可以说,后三种形态本身和监察执法具有兼容性,后三种形态中的部分内容可直接适用于监察执法。

既然监督执纪"四种形态"的后三种形态可以直接适用于监察执法,那监察改革后的"四种形态"能否全面适用于监察执法领域,就主要看"四种形态"的第一种形态能否适用于监察执法。第一种形态中的批评和自我批评、约谈函询在过去一般被认为是针对中共党员的;批评和自我批评也是党内组织生活的常见形式,这两类措施具有很强的党纪处置色彩。2018年出台的《监察法》并未对第一种形态中的谈话函询等措施的适用范围进行说明,国家层面也没有发布相关规范性文件。于是,

---

① 江苏省纪委监委课题组:《准确把握并运用好"四种形态"》,载《中国纪检监察报》2019年10月17日。

地方纪检监察机关自行对此进行了探索,比如浙江省纪委监委在 2017 年发布文件指出,"四种形态"适用于党纪处分,但监察执法同样参照"四种形态"的要求执行。这表明,纪检监察机关实际上在纪法贯通的原则下,将"四种形态"全面推广至了监察执法工作。从纪检监察工作的实际运行情况看,四种形态实际上能够全面融入监察执法工作中,第一种形态的要求在监察工作中同样能够得到体现,只是处置方式的名称有所差异,但是监察处置基本和党纪处分匹配,第一种形态的要求已经在监察执法中得到贯彻。当前,随着国家监察体制改革的不断深入,监督对象已成倍增长,谈话函询对象能否扩展至新增的监督对象,进一步落实"惩前毖后、治病救人"的工作原则,是摆在各级纪委监委面前的重要课题。

首先,延伸谈话函询适用对象,与《监察法》的部分规定具有一致性。党内监督和国家监察的内在高度相似。体现党内监督手段的"四种形态"的核心要义是抓早抓小,推进全面从严治党。《监察法》第 5 条、第 6 条规定,国家监察工作要坚持"惩戒与教育相结合,宽严相济""坚持标本兼治、综合治理";第 19 条规定,"对可能发生职务违法的监察对象,监察机关按照管理权限,可以直接或者委托有关机关、人员进行谈话或者要求说明情况";第 45 条规定,"对有职务违法行为但情节较轻的公职人员,按照管理权限,直接或者委托有关机关、人员,进行谈话提醒、批评教育、责令检查,或者予以诫勉"。笔者认为,上述规定的要旨是使监察工作与监督执纪"四种形态"的第一种形态相匹配。监察工作应使谈话函询适用于所有的监察对象,让"红红脸、出出汗"成为常态,这与"四种形态"的基本要求是一致的,也符合《监察法》所提出的监察工作原则。

其次,延伸谈话函询适用对象,体现了"四种形态"关于"抓早抓小,防患于未然"的核心思想。监察机关要履行好监督调查处置职责,从党员干部工作生活的小处和日常抓起。对存在职务违法行为的监察对象,应依法进行谈话或者要求其说明情况,避免其走向职务犯罪,这也是监察监督职能正确履行的基本要求。比如,随着农村集体经济的发展壮大,农村集体"三资"(资金、资产、资源)管理已成为农村群众关心的热点问题,也是诱发许多地方村"两委"成员腐败的重要因素。监察体制改革以来,媒体已报道出多起村干部违纪违法的案例,不仅严重损害了基层党员干部的形象,也给基层经济和基层民众的利益造成了损失。① 因此,对部分村干部吃拿卡要、收受礼品、滥用职权等违规违法行为"抓早抓小",就显得十分迫切。"四种形态"中的第一种形态在监察执法领域的适用具有现实必要性,因为及早介入预防就可以在很大程度上防止监察对象做出更严重的违纪违法行为。

最后,延伸谈话函询适用对象,体现了"四种形态"所要

---

① 田林县纪委监委通过运用大数据分析,发现村干部违纪违法问题突出后,在全县169个行政村(社区)开设"廉政课堂",结合近年来查办的村干部违纪违法典型案例,特别是针对村干部"雁过拔毛"现象,对新一届村(社区)"两委"班子进行全员廉政教育,教育引导新任村干部知敬畏、明底线、守规矩。廉政教育同时覆盖村级监督工作站,由乡(镇)纪委"手把手"加强业务指导,强化工作站监督"前哨"作用,助力乡村振兴。祝有慧、蒋立平:《百色开展"学文秀促担当解民忧"活动 实地督查破解饮水难》,载《中国纪检监察报》2021年5月12日第3版。

求的"严管就是厚爱"。对党员干部适用"四种形态",彰显了惩前毖后的基本精神,遵循了治病救人的爱护干部原则。当前纪委与监察委合署办公,两者在指导思想、基本原则、人员群体上高度一致,按照"四种形态"的基本原则对犯错误的公职人员进行处置,无论是党员还是非党员领导干部,只要没有到不可挽救的程度,严格依照纪律和法律的规定,都可给予改正的机会。针对公职人员,在其行为还未达到违法犯罪标准时,可将"严管"与"厚爱"相结合,对其倾向性问题进行一对一、面对面的谈话函询,取得提醒、震慑、警示等效果。对问题反映不实的,也应及时还原事实、澄清是非,并引导监察对象正确对待监督,养成在监督下工作和生活的习惯。

二、"四种形态"的指标化与隐形比例

(一)"四种形态"的治理指标化

20世纪90年代以来,国际上各种复合型评估指标体系急速涌现,涉及全球治理的各个方面。它们对各国政府和其他行为体在全球治理中的政策效果和行为表现进行评估和评级,形成了国际关系中区别于传统权力的新型"指标权力",受到学界和政策界的广泛重视,甚至被誉为开启了"循证型全球治

理"的新范式。① 指标权力令人瞩目，甚至会产生轰动性新闻，例如标准普尔对美国主权信用评级的历史性降级就曾引起轩然大波，给美国政治与政策带来了连锁反应。② 不过，指标权力在更多时候却是一种静悄悄的权力，它通过改变观念、影响判断和积累社会压力而最终影响人们的决策和行为。③ 在今天的社会生活与国家治理中，指标正成为一种越来越常见的现象和日益得到广泛使用的决策工具，如社会生活领域的各种排行榜、评分、评级等，高等教育领域的全国学科评估 A+学科数高校排名、QS 世界大学排名，国家治理领域中经常被提及的 GDP 等指标。

可以说，指标正在渗入我们生活的每一个领域和国家治理的每一个环节，使得我们已经很难想象一个没有指标的世界。而在这个过程中，指标也从一种决策工具演变为一种治理技术，甚至是一种独立于其使用者的技术。④ 作为决策工具，指标的功能是帮助决策者评估不同选项的价值，而它们之所以能够发

---

① Sally Engle Merry, Kevin E. Davis, Benedict Kingsbury, The Local-Global Life of Indicators: Law, Power, Resistance, in Sally Engle Merry, Kevin E. Davis, Benedict Kingsbury, eds., *The Quiet Power of Indicators: Measuring Governance, Corruption, and Rule of Law*, Cambridge University Press, 2015, p. 1.

② Binyamin Appelbaum, Eric Dash, S. &P. Downgrades Debt Rating of US, or the First Time, https://www.nytimes.com/2011/08/06/business/us-debt-downgraded-by-sp.html, visited on 21st Mar. 2023.

③ Judith G. Kelley, Beth A. Simmons, Politics by Number: Indicators as Social Pressure in International Relations, *American Journal of Political Science*, 2015, 59（1），pp. 55-70.

④ 张乾友：《"被指标治理"模式的生成及其治理逻辑》，载《探索与争鸣》2021 年第 2 期。

挥这一功能，是因为不同选项之间存在共同的价值基础。作为治理技术，指标的功能是规范特定人口的行为。在西方社会科学中，关于"治理"的探讨有两大来源：一是源于世界银行提出的"governance"一词，主要涉及的是政府与市场的关系，并暗含了用市场中的"最佳实践"来改造政府的主张。① 二是源于福柯的"government"概念，福柯认为治理（government）就是对行为的塑造，② 治理术则是治理者将某种被视为正常人应有的行为标准施加于特定的治理对象（即人口），使他们最终遵从这一标准，从而使自己成为正常人的全部策略与过程的总称。③

运用指标进行治理也是中国纪检监察系统的传统，这种传统在纪检监察各项业务统计和考核中有明确体现。纪委系统一直设计有内部的业务统计指标，这些指标对各项纪检监察业务进行数据量化统计，各地纪检监察机关按照电子统计系统填写各季度指标，这些数据指标也成为上级纪委考核下级纪委的重要依据。比较有代表性的是中央纪委国家监委发布的《纪检监察统计分析指标体系（试行）》，指标体系将分散在信访举报、监督检查、审查调查、案件审理、党风政风、巡视巡察、国际合作、案件监督管理等各职能部门的统计指标进行有机整合，

---

① 王绍光：《治理研究：正本清源》，载《开放时代》2018 年第 2 期。
② Mitchell Dean, *Governmentality: Power and Rule in Modern Society*, Second Edition, SAGE, 2009, p. 17.
③ Peter Triantafillou, Addressing Network Governance Through the Concepts of Governmentality and Normalization, *Administrative Theory & Praxis*, 2004, 26 (4), pp. 489-508.

共两大类9方面146项指标,其中此前已有指标103项,新增体现严明政治纪律、履行监督第一职责、深化监察体制改革等方面成果的指标43项。中央纪委国家监委案件监督管理室有关负责人表示设立指标可以"引导树立正确政绩观,推动纪检监察工作实现高质量发展,是设立指标体系的鲜明导向……通过设立重点工作成果指标,引导各级纪检监察机关在工作中践行'两个维护',坚持以人民为中心的发展思想,贯彻惩前毖后、治病救人方针,严格依规依纪依法,强化自我监督等要求落到实处。"①

除了中央纪委发布的纪检监察业务统计指标,中央纪委还发布过专门的"四种形态"统计指标。中央纪委提出"四种形态"的概念并以基本原则的形式将其推广至纪检监察工作后,如何具体落实"四种形态"的要求,以及考核各地执行"四种形态"的情况成为重要的议题。自中央纪委提出"四种形态"以来,官方及社会各界一直对"四种形态"各包含什么内容,以及在具体实践中如何应用,存在较多不同的说法,在统计口径、执行尺度方面各地也存在差异。针对此问题,中央纪委采取指标治理的方式为地方纪委执行"四种形态"提供指导。2017年中央纪委办公厅印发《纪检监察机关监督执纪"四种形态"统计指标体系(试行)》,共设置了5类56项统计指标。其中,第一种形态14项,第二种形态21项,第三种形态12

---

① 张梓健:《健全完善纪检监察法规制度体系不断提升规范化法治化水平》,载《中国纪检监察报》2020年4月6日。

项，第四种形态 2 项；此外，还设置了 7 项辅助性指标。该指标体系为统计和反映纪检监察机关运用监督执纪"四种形态"的情况提供了依据。①

具体而言，第一种形态共 14 项，包括谈话函询了结、"面对面"初步核实了结等 2 种情形，以及经纪律审查后仅给予提醒谈话、警示谈话、批评教育、纠正或责令停止违纪行为、责成退出违纪所得、限期整改、责令作出口头或书面检查、召开民主生活会批评帮助、责令公开道歉（检讨）、通报（通报批评）、诫勉（诫勉谈话）、其他批评教育类措施等 12 项组织措施。第二种形态共 21 项，包括党内警告、党内严重警告等 2 项党纪轻处分，行政警告、行政记过、行政记大过、行政降级等 4 项政纪轻处分，以及取消荣誉称号、撤销政协委员资格、终止（罢免、撤销、责令辞去）人大代表资格、取消预备党员资格、取消（罢免）当选资格、终止党代表资格、停职（停职检查）、调整（调离）职务（岗位）、免职、引咎辞职、责令辞职、改任非领导职务、安排提前退休、降低退休待遇、其他组织调整类措施等 15 项组织措施。第三种形态指标共 12 项，包括撤销党内职务、留党察看、开除党籍等 3 项党纪重处分，行政撤职、行政开除等 2 项政纪重处分，降职、取消退休待遇、解聘、解除劳动合同、辞退、组织除名（劝退）、其他重大职务调整类措施等 7 项组织措施。第四种形态共 2 项，包括纪检

---

① 闫群力：《精准有效运用监督执纪"四种形态"》，载《新华日报》2020 年 9 月 1 日。

监察机关立案审查后移送司法机关，司法机关判处刑罚后移送纪检监察机关作出开除党籍、开除公职处分的情形。辅助性指标共 7 项，包括"两规""两指"人数、立案审查人数、线索处置件数等 3 项先导性指标，以及信访举报件次、处分人数、处理县处级以上一把手人数、主动交代问题人数等 4 项效果性指标。中央纪委发布的"四种形态"统计指标体系初衷是统计全国践行"四种形态"的具体情况。该指标体系的内容详细，覆盖监督执纪和监察执法等绝大多数纪检监察的业务内容，"四种形态"由此进入指标治理的阶段。"四种形态"的指标体系不仅是一种统计依据，更是纪检监察机关的业务考核标准，这种标准直接重塑了纪检监察的业务实践。

（二）"四种形态"的隐形比例

中央纪委提出的"四种形态"在表述上使用了"大多数""多数""少数""极少数"这样的词汇形容各形态的比例。从上述表述方式看，"四种形态"实际上对各形态比例有一定的要求，只是这种要求没有直接以明确的数字显示出来。"大多数""多数""少数""极少数"是一种带有政治话语色彩的表述，对各形态比例的要求比较模糊和概括，是一种宏观层面、大致比例的要求，而非一种精确的比例限制。虽然中央纪委从未有文件对"四种形态"各个形态的具体比例作出规定，但"大多数""极少数"这样的大致比例要求仍对地方纪检监察机关产生了约束，地方纪检监察机关不能不考虑具体业务中"四种形态"的实际分布情况。"有的过于简单和教条，人为搞

'宏观调控',用预设数字去对应常态、大多数、少数和极极少数,有的为'四种形态'设定比例指标,急于形成有模有样的'四种形态'分布图等。"① 实践中,这种大致的比例要求对地方纪检监察机关的业务统计方式产生了影响,进而间接影响到纪检监察业务的分布。

笔者统计了全国多个省市纪检监察机关发布的"四种形态"执行情况,具体见表3-1和图3-1。

表3-1 全国及部分地区实践"四种形态"的具体比例

地区	第一种形态	第二种形态	第三种形态	第四种形态
全国	68.1%	24.8%	3.6%	3.5%
江苏	70.7%	23.7%	2.0%	3.6%
云南	67.2%	20.2%	6.7%	5.9%
西藏	73.0%	20.5%	4.6%	1.9%
江西	71.7%	23.0%	3.1%	2.2%
吉林	74.1%	20.8%	2.1%	3.0%
青海	76.3%	17.3%	5.0%	1.4%
内蒙古	73.2%	19.4%	3.6%	3.8%
天津	71.7%	18.4%	7.5%	2.4%
新疆兵团	71.5%	15.4%	9.7%	3.4%
浙江	69.8%	21.0%	4.3%	5.0%
福建	79.3%	14.7%	2.9%	3.2%

---

① 赵林:《践行"四种形态"不能预设分布图》,载《中国纪检监察》2016年第12期。

(续表)

地区	第一种形态	第二种形态	第三种形态	第四种形态
广东	54.6%	30.7%	8.7%	6.0%
江苏	70.7%	23.7%	2.0%	3.6%
北京	79.3%	14.3%	3.6%	2.8%

数据来源：中央纪委及地方纪委在2020年发布的工作报告。

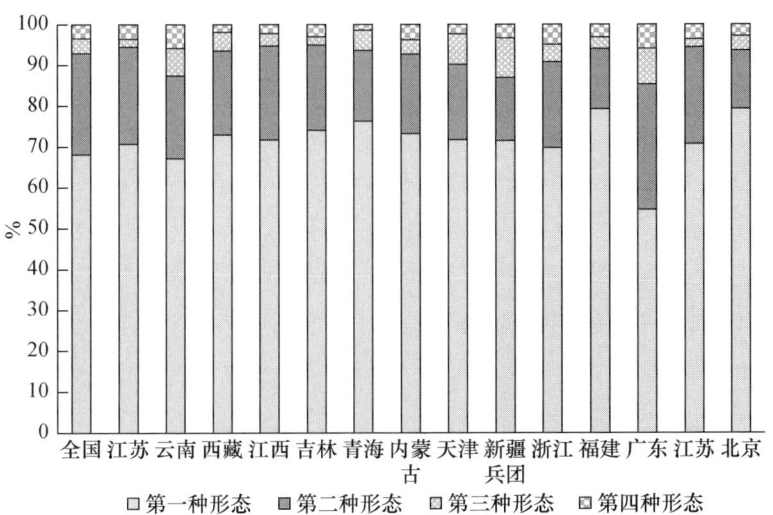

图3-1 全国及部分地区实践"四种形态"的具体比例分布图
数据来源：中央纪委及地方纪委在2020年发布的工作报告。

由图表可知，广东省纪检监察机关实践第一种形态的具体比例为54.5%，是表内所统计各省市中比例最低的地区，同时其实践第四种形态的比例为6%，是表内所统计各省市中最高的。北京市纪检监察机关实践第一种形态的比例为79.3%，是表内所统计各省市中比例最高的地区，而青海省实践第四种形态的比例为1.4%，是表内所统计各省市中最低的。如果将第一种形态和第二种形态合并统计，那么践行比例最低的是广东省（85.3%），而最高的为吉林省（94.9%）。从"四种形态"的全国实践情况看，前两种形态即"红脸出汗"和轻处分占比为92.9%，与所统计的各省市中大多数地区的水平较为一致；后两种形态的全国实践比例为7.1%，其中移送犯罪占3.5%。由此可见，无论是全国总体还是各省市，"四种形态"的实践比例基本对应了中央纪委所提出的"大多数""多数""少数""极少数"的要求。

三、"四种形态"适用中的不平衡现象

从图4-1可以发现，"四种形态"在各地实践中存在比例差异，地区之间在具体执行"四种形态"过程中存在理解、适用等方面的不同，这种地区间的不平衡表现得最明显的就是各形态比例的差异，尤其是第四种形态的比例差异。此外，由于各地对"四种形态"各形态标准的认知也存在不同，因此不可避免地会存在类似案件的处置差异问题，这也是司法审判中的常见现象。虽然"四种形态"要求前两种形态应当为绝大多数，似乎前两种形态是纪检监察资源的重点投入领域，但实际上第四种形态才是重点目标。纪检监察资源的分配在"四种形态"

内部存在极大的不平衡,第四种形态所占比例最低,但获得了大多数资源。这种内部资源分配不平衡也影响着纪检监察工作模式的转变。

(一)运行成本考察:"四种形态"内部的资源分配不均衡

监察机关在改革后公布的"反腐成绩单"显示,监察案件总量大幅增加,[①] 但是职务犯罪案件量下降,这引起了研究者的关注。吴建雄教授等调研 H 省在 2018 年查办职务犯罪情况时,发现全省监察机关移送审查起诉案件量较改革前减少一半,认为原因是高压反腐遏制新发案件、管辖范围变化及"四种形态"适用不当。[②] 詹建红教授比较多省在改革前后的职务犯罪案件数量后,认为数量下滑是由于反腐威慑力降低发案率、部分地区进入发案低谷及新机构尚未发挥全部功能,其中"监察分流"是造成案件量下降的主要原因。[③] 程序分流机制设置不当或缺乏监督可能给犯罪案件制造非犯罪化处置的空间,但该

[①] 从部分省级监察机关公布的案件数据看,改革后纪委监委办案总量增长极为显著。比如,浙江省纪委在 2019 年 2 月发布的 2018 年工作总结数据显示,全省共处置问题线索 52957 件,同比增长 20.9%;运用"四种形态"处理 55138 人次,同比增长 25.9%;审查调查案件较上年增加 81%。《任振鹤在省纪委十四届四次全会上的工作报告》,http://www.zjsjw.gov.cn/ch112/system/2019/02/22/031473213.shtml.,2020 年 4 月 1 日访问。

[②] 吴建雄、李春阳:《〈监察法〉实施中的若干疑难问题及其破解对策》,载《湖南大学学报(社会科学版)》2019 年第 6 期。

[③] 詹建红、崔玮:《职务犯罪案件监察分流机制探究——现状、问题及前瞻》,载《中国法律评论》2019 年第 6 期。

假设以调查人员主观上有此意图为前提。实际上，查办的职务犯罪案件在地方影响大，可提升办案机关的权威性，易得到上级机关及社会舆论肯定，所以纪检监察机关对该类案件的重视不亚于检察机关。以监察改革试点地区 S 市为例，该市纪委监委在改革后抽调所有具备办案经验的人员于一线，办案人员在 2018 年和 2019 年几乎全年无休，留置场所处于满负荷运转状态，并不存在刻意减少职务犯罪案件数量的情况。但统计 S 市自 2013 年以来的职务犯罪案件数量，S 市检察机关和监察机关立案调查的职务犯罪嫌疑人数量分别为：2013 年 33 人；2014 年 49 人；2015 年 29 人；2016 年 36 人；2017 年 10 人；2018 年 21 人；2019 年 27 人；2020 年 26 人（S 市检察机关自 2017 年后，职务犯罪案件立案数为 0）。监察机关配置强大调查权，且投入更多资源，办案量却少于改革前的水平，这种局面可能与这种过度依赖留置的调查机制有一定关联。留置成为当前职务犯罪调查最依赖的手段，调查成本是否对办案产生影响，可结合具体的留置类型和成本投入进行考察。

首先，自建留置点是主要的留置实施方式。目前各地监察机关使用的留置场所主要有两类：一类是纪委先前使用的"两规"场所，该场所经改造后成为留置场所，监察机关借助公安或武警力量管理和执行留置。比如，省一级留置场所借助武警力量，市县一级留置场所借助公安力量。另一类是改革公安机关管理的看守所等羁押场所，在看守所开辟留置专区，由公安民警管理留置场所，监察人员负责讯问取证。① S 市的留置场所是原"两规"场所，纪委对其进行了硬件改造，建立了留置管理、执行和监督制度。具体包括：在设施上，设立办案区、指挥室、监控室、休息室、医务室；在管理上，纪委案件服务中心负责留置场所的运营，纪委案件监督管理室和公安机关派驻民警共同监督留置过程，并辅之以健全的留置运行操作规程。S 市的留置类型在其所在省份具有普遍性，该省仅有一个地市设立了看守所留置点，其他地市均将原"两规"场所改造为留置场所。

其次，留置成本推高监察办案整体支出。根据 S 市对外公布的 2015 年以来的部门支出决算报告，S 市纪检监察机关 2016 年以后的公共支出呈现快速增长趋势。S 市纪检监察支出决算报告中包括纪检监察事务、社会保障和就业、医疗卫生与计划生育、住房保障等项目的支出。其中，纪检监察事务包括监督执纪问责、巡察等，该项目的年度决算支出变化为：2015 年 1673 万元；2016 年 1631 万元；2017 年 1754 万元；2018 年 2368 万元；2019 年 3388 万元；2020 年 4932 万元。总体来看，2016 年改革后，纪检监察业务开支快速上升（图 3-2），其中 2015 年和 2016 年的监察业务支出相差不多，但 2017 年以后支出开始快速上升，2018 年的业务支出相比改革前的 2016 年增长了 45.2%，相比改革后的 2017 年增长 35%。2019 年的监察

---

① 浙江省纪委监委：《走进监察法：留置程序、场所、时间等细节问题》，http://www.zjsjw.gov.cn/ch112/system/2018/03/15/030768227.shtml.，2020 年 4 月 10 日访问。

业务开支已经接近 2016 年的两倍，2020 年的监察业务开支则已经是 2016 年的 3 倍，而 S 市在 2019 年和 2020 年查办的职务犯罪案件数量分别为 27 件和 26 件，几乎已经达到改革后的办案峰值，难有进一步的增长，但仍未达到 S 市检察机关 2016 年 35 件职务犯罪案件立案的数量。

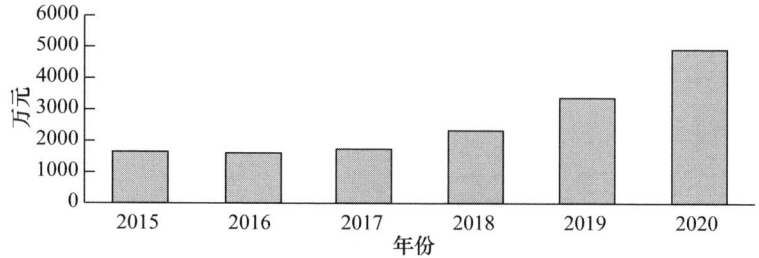

图 3-2　S 市在监察改革前后纪检监察业务支出变化情况

由于 S 市纪检监察决算表中未将职务犯罪调查作为单独开支项目予以明确列出，所以尚无该部分的具体支出数字。但从各类监察业务的实际运行情况看，巡察、案管、信访等业务主要涉及差旅成本，这类支出在整体业务开支中的比例不会太高。因此，监察业务的大多数支出应为审查调查的办案支出。从调研可知，审查调查中的职务犯罪办案经费在监察业务支出中所占比例最高，其中又以留置开支的数额最大。如表 3-2 所示，职务犯罪监察调查的支出事项包括留置场所的运营、留置场所执行人员经费、取证过程中的差旅费、加班费等具体支出。

表 3-2　S 市监察机关调查职务犯罪的支出项目门类

监察调查开支项目	项目内容
留置支出	留置场所运营支出：用水、用电、用气；改造维修；食堂对外承包费用；购买物业公司服务费用；场所折旧
	留置执行支出：聘用警力的工资、奖金、加班费
其他办案支出	外出调查取证的差旅费；高速过路费；加班补贴；加班费；办公用品；其他后勤支出

在上述职务犯罪调查的办案经费类型中，以留置场所运营和执行人员经费支出所占比重最大。第一，S 市的留置场所是由其市纪委原"两规点"改造而成，是一个六层的办公大楼，内有 80 多个房间可供办案使用。场所运营费用具体包括水电费、维修费、食堂经费、物业管理费等，每年满负荷运营的开支可达数百万元之多。第二，S 市的监察机关缺少执行力量，留置执行需借助公安机关的警力。S 市纪委和市公安局协商确定在留置场所派驻公安警力，公安辅警人员的主要职责是管理监控、看管留置对象和监督审讯过程。看管组每隔 2 小时换班一次，因此一名留置对象需要配备 8 名左右的轮值辅警。辅警的工资和奖金均来自监察机关的部门预算，每年开支超过五百万元。至于监察机关的其他办案支出，比如外出取证的住宿、高速过路费、办公用品、后勤保障等总计一百万元左右。2018年，S 市监察机关查办职务犯罪案件的支出超过一千万元，其中第四种形态的投入占纪检监察业务支出的 42.2%，而 S 市实践第四种形态的比例是 3.7%（图 3-3）。

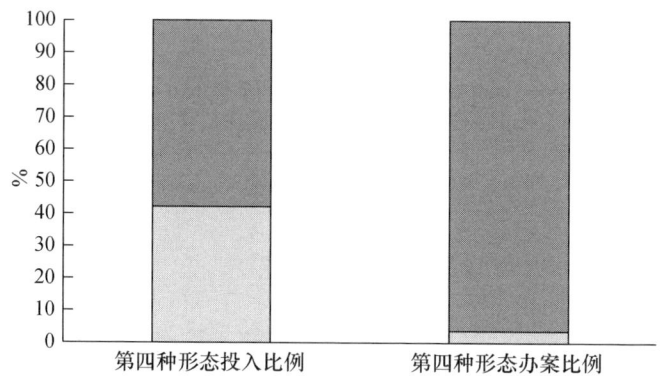

图 3-3　S 市监察机关 2018 年实践第四种形态的办案比和投入比

相比监察机关的办案支出，检察机关在监察改革前查办职务犯罪的业务支出相对要少。根据 S 市检察机关公开发布的部门决算报告，2015 年和 2016 年其查办和预防职务犯罪的支出分别为：2015 年 57 万元；2016 年 131 万元。实际上，监察机关除去留置后的办案支出和检察机关全部办案支出的差距不大，但留置支出明显超过其他的办案支出，尤其是留置执行需要配备大量警力，留置对象越多，所需配置的监察人员和警力亦随之成比例增多，留置开支费用也就节节攀升，最终推高整个监察调查的办案成本，这对地方财政保障提出更高的要求。

最后，留置场所设置方式限制了留置适用案件数量。在"两规"成为纪委主要的调查手段之后，各地纪委均在各自辖区建设了"两规"场所。然而，国家监察机关对留置场所的设置层级有严格限制，只有地市级以上监察机关有权建造留置场所，各县区监察机关只能申请使用地市级监察机关的留置场所。

由于多数地市级纪委只有一处"两规"场所,因此经改造后,该场所成为全市两级监察机关的共同留置场所;与此同时,各县区的原"两规"场所无法用于留置,这导致改革后留置场所的数量相比原"两规"场所数量锐减。① 新造留置场所从设计到投入使用不仅需耗时 2 年以上,而且还要大量的财政预算支持。国内各地区的财政状况差异很大,某些财政较差地区在扩建场所时会有较大压力。即使短期内改造或新建一批符合硬件标准的留置场所,还需配置场所管理人员、案件监督管理人员、执行人员、后勤人员等人力资源,场所运行的成本支出将持续升高。这些因素导致留置场所的数量无法在短时间内快速增加。留置成本和场所限制在短期内会限制职务犯罪办案量的增长。

(二)少数人监督多数人引发监察线索流转的漏斗效应

专门机关通过办案反腐在本质上仍属于少数人监督多数人的一种反腐方式,主要特征是专职人员主导案件调查工作,调查手段、调查程序和处置方式均有严格规范,调查对象为不特定群体,调查工作依赖其他机关的财政及资源支持。在单个监察案件调查过程中,多名调查人员针对一名被调查对象开展调查,但相对于区域内所有违纪违法犯罪人员,调查人员的数量显然处于少数。比如,S 市全市纪检监察人员不足 500 人,专

---

① 实际可用办案场所锐减的现象在某些较大的地级市表现比较明显,这类地级市下辖县区数量较多,留置需求和场所供应不足的矛盾明显。

业调查人员仅有 60 多人，而他们面对的是改革后的 4 万名监察对象，监督者和被监督者的数量对比悬殊，这在职务犯罪调查中体现尤为明显。

改革后的职务犯罪调查模式高度依赖留置措施，而留置对场所、财政支持、执行人员有苛刻要求，这些因素限制了职务犯罪办案量的增长，甚至无形中形成了办案数量增长的"天花板"。S 市监察机关办案人员在 2019 年连续办案，多数办案人员全年常驻留置场所，留置场所在春节期间仍处于满负荷运营状态，在国家扫黑除恶专项行动的助力下，职务犯罪立案数达到改革后的最高峰 27 件，已至数量增长极限。后续除非增加专业办案人员，扩建留置场所，提供更宽裕的财政支持，否则很难出现进一步的立案量增长。

少数人监督多数人的瓶颈在一定程度上导致监察系统出现类似刑事司法系统中的"漏斗效应"。刑事司法中的"漏斗效应"（funnel effect）是指发现犯罪、立案、侦查、起诉、审判、执行过程中存在数量衰减的漏斗。[1] 出现"漏斗效应"说明，刑事司法系统不会以相同方式处理案件，司法人员会基于政策和资源有限的现实考虑，对案件进行裁量筛选，以漏斗型方式留住部分案件，最后只有少数案件进入法院审判及执行程序。如果将监察系统视作一个独立系统，内含线索受理、立案、调查、审理、处置等基本环节，监察案件线索历经这些环节分流，

---

[1] 韩德明：《从回溯调查到犯罪治理：侦查权范式的演化趋向》，载《中国人民公安大学学报（社会科学版）》2015 年第 5 期。

最终进入处置环节的数量同样锐减。以 S 市 2018 年的案件线索流向趋势为例，S 市 2018 年全年受理各类线索 1343 件，监察立案 286 件，职务违法犯罪立案 57 件，移送司法 21 件，呈现出从线索受理到涉嫌犯罪移送司法的层层过滤的"漏斗效应"（图 3-4）。在少数人监督多数人的基本框架中，监察调查人员每年所能调查处置的线索数量存在一个上限，这意味着职务犯罪立案调查等"下游程序"存在消化犯罪线索的能力极限。如果线索受理等"上游程序"将过多犯罪线索引向犯罪调查程序，超出监察调查程序的承载能力，调查人员受制于人力、场所等资源限制，不仅无法完成案件调查任务，还可能挤占其他监察业务的资源，影响整个监察反腐体系的有效运行。

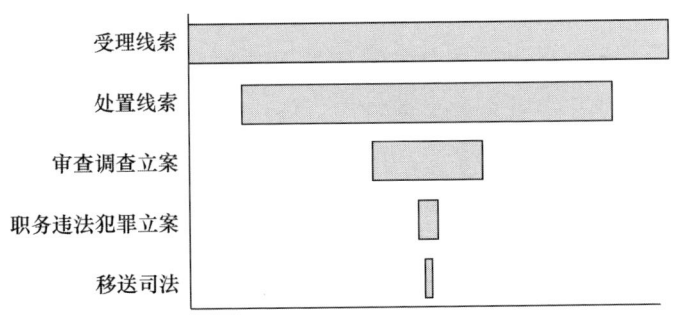

图 3-4　2018 年 S 市监察机关线索处置的"漏斗现象"

第四章
"四种形态"适用中的纪法关系

一、"四种形态"中纪法关系的基本论断

监督执纪"四种形态"的核心要义是把纪律挺在前面,纪严于法、纪在法前、纪法分开,让纪律成为管党治党的尺子,用纪律和规矩衡量党员干部行为,这是对纪法关系基本原则的表述。党的纪律是管党治党的重要手段,贯彻全面从严治党要求必须严格执纪,把纪律和规矩挺在法律的前面。正确认识党纪和国法的关系,必须放在中国特色社会主义制度下来审视和处理,决不能套用西方的模式和标准,这是由中国国情决定的,也是历史和现实的必然选择。社会主义法治必须坚持党的领导,党的领导必须依靠社会主义法治。法是党的主张和人民意愿的统一体现,党领导人民制定宪法法律,党领导人民实施宪法法律,党自身必须在宪法法律范围内活动,这就是党的领导力量的体现。党的领导和依法治国是高度统一的。

（一）党纪和国法分开

党纪与国法之间的关系问题，向来是法治反腐理论研究的重心。对此，一个共识性结论是，党纪与国法分别属于两种不同的规范类型：党纪系组织内规则，是依据党的宗旨、目标制定的组织纪律规范；国法系一般性规范，是由立法机关制定的，具有普遍约束力并由国家强制力保障实施的行为规范。因此，"二者形成机理不同、作用方式不同"。[①] 监察体制改革以前，党纪与国法虽然都被视作是重要的反腐败规范依据，但两者之间却欠缺有效的沟通或衔接机制，甚至尤其强调"纪""法"本质不同，界限泾渭分明。比如，认为党纪与国法之间有着实质性的差异，两者在理论根据、规范效力、惩罚方式等方面都存在重要区别。[②] "纪"指的是党的纪律，是党组织和党员必须遵守的行为准则；"法"指的则是国家法律，体现的是国家意志，约束和规范的对象是全体公民和法人。因此，党纪与国法之间的关系可以表述为"党纪严于国法，国法高于党纪"[③]。"党纪严于国法，并不是说党纪可以凌驾于国法之上。"[④] 党纪

[①] 崔建周：《"党规党纪严于国家法律"：理论依据、实践指向与实现条件》，载《理论探索》2015年第4期。
[②] 刘作翔：《论"党纪与国法 不能混同"》，载《北京日报》2015年8月3日。
[③] 刘雪斌、蔡建芳：《党纪严于国法 国法高于党纪》，载《新长征》2014年第12期。
[④] 吴建雄：《论党纪反腐与司法反腐》，载《中共中央党校学报》2015年第2期。

之严在于，它的纪律性规定较法律规定内容上更密、要求得也更严；国法之高在于，"党必须在宪法和法律的范围内活动"，党纪不具有法外特权。①

党的十八届四中全会公报指出，坚持依法治国首先要坚持依宪治国。宪法作为国家的根本大法，具有最高法律效力。党纪与国法是统一于宪法之下的制度规范。中国宪法规定了中国共产党的执政地位，党纪就是保障党的各级组织和全体党员忠实履行法定职责、有效抵御腐败风险、巩固党的执政地位的党内法规。国法主要通过对犯罪的惩治和对人权的保障，实现社会的长治久安。"纪法分开"并不是说二者彼此互不相通。纪律挺在法律前面，比法律规定更加严格，对党员提出了比对公民更高的要求。诚如习近平总书记在多个场合反复强调的，党员不仅要遵守法律规范，而且要严格遵守党章等党规党纪，对自己提出更高要求。这说明，对纪律的强调并不意味着对法律的放宽，而是告诫党员干部，既要做法律的维护者，也要做党规党纪的遵守者，不要以为不违法、不贪腐，违反纪律都是"小节"，甚至可以忽略不计。面对"纪法分开"后所呈现的"最严党纪"，广大党员干部既要"思想加码"，又要"行动加力"，在严守纪律上更加自觉。

党纪在整体上是严于国法的，这种"严"不仅表现为规范本身的严肃性或权威性，还体现在规范体系的严密性，这也间

---

① 郭艳：《党纪与国法：国家治理现代化的两个支点》，载《人民论坛》2017年第23期。

接说明，党纪和国法之间无疑是存在区别的。党内纪律和国家法律的差异显而易见：一是适用对象不同，党纪适用于中共党员干部，不适用于非党员干部；法律则适用于根据具体法律法规所设定的有管辖权的所有公民和组织。二是适用标准不同，党纪有一套独立的调查和处置标准，法律标准则根据民事、刑事等适用领域的不同而又有差异，两者在标准上存在较大区别。三是性质不同，党纪是政党这个社会组织内部的纪律规范，法律是国家立法机关制定的行为规范。四是强制力不同，一般而言，党纪借助组织内部的约束力实施制裁，不能使用强制性手段；执法机关则可以依法使用逮捕等强制手段，并以国家暴力机器为后盾。在中国，党纪规定所规范的违纪行为达到一定严重程度，"纪"的适用完全可能转化为"法"的适用，① 这是中国纪法分开前提下纪法贯通的一种体现。

（二）党纪要严于国法

党的纪律和规矩体现党的性质和宗旨，对党组织和党员的要求必然高于法律规定的公民、法人和其他组织的一般性义务。中国宪法确认了中国共产党的执政地位，中国共产党代表中国先进生产力的发展要求、代表中国先进文化的前进方向、代表中国最广大人民的根本利益，这就决定了它对其党员的要求远高于国外政党。早在革命战争时期，中国共产党就对其党员提

---

① 吴付来：《坚持纪在法前纪法贯通的制度支撑》，https://baijiahao.baidu.com/s?id=1787686945417468983&wfr=spider&for=pc，2024 年 6 月 30 日访问。

出了高要求,对违反纪律的党员干部会处以严厉的惩罚。党的十八届四中全会指出:"党规党纪严于国家法律,党的各级组织和广大党员干部不仅要模范遵守国家法律,而且要按照党规党纪以更高标准严格要求自己。"《人民日报》于党的十八届四中全会闭幕当天发表文章,也提出"党纪严于国法",文中指出,"党是中国工人阶级的先锋队、中国人民和中华民族的先锋队,理所当然应该接受比普通人更严格的约束。而法律则是底线要求,是社会中每个人都需要接受的行为准则"。①

党纪严于国法是全面从严治党的内在要求。全面从严治党,基础是"全面",关键是"从严"。从严体现在各个方面,其中一个重要方面就是坚持党纪严于国法。党要管党、全面从严治党,靠什么管,凭什么治?就要靠严明纪律。党规党纪可以对一些国家法律尚未规定或者不可能规定的空白点作出严格规定,以此约束党员干部的行为,使我们党始终保持组织严密、纪律严明这一优良传统和政治优势。例如,一般公民出入私人会所,法律并不会干涉。但如果党员干部违反有关规定出入私人会所,情节较重的就会给予警告或者严重警告处分,情节严重的还会给予撤销党内职务或者留党察看处分。再如,一般公民生活奢靡、贪图享乐、追求低级趣味,只要没有违法,法律就无法予以处罚。但如果党员干部生活奢靡、贪图享乐、追求低级趣味,造成不良影响的,就要给予警告或者严重警告处分,情节严重

---

① 王姝:《王岐山:反腐高压仍有干部不收敛不收手》,https://finance.ifeng.com/a/20141026/13218241_0.shtml,2023年11月7日访问。

的还要给予撤销党内职务处分。新形势下，要把全面从严治党向纵深推进，必须把制度的笼子扎紧。把党规党纪立在法律的前面、严在法律的前面，是全面从严治党的具体体现，更是解决管党治党失之于宽、失之于松、失之于软问题的有效举措。

在全面从严治党的新常态下，纪律和规矩的标准和要求应当更加严格。全面从严执纪，"全面"是基础。党的纪律之网要覆盖党组织和党员活动的方方面面，不能留死角、有盲区。当前，党的政治、组织、作风、工作、生活、财经等各方面纪律要求总体上较为全面，但也还存在一些空缺，例如规范领导干部出版著作、领导干部的生活待遇等，还有一些纪律要求则需要与时俱进，如规范党员领导干部辞职的规定、问责规定和配偶子女从业规定等。纪律和规矩只有覆盖全方位，才能管住大多数，要尽快把紧缺的纪律和规矩立起来，使党的纪律更加明确、规范、完整和系统。党纪严于国法是保持党的先进性和纯洁性的制度保障。先进性和纯洁性是我们党作为马克思主义政党的本质属性，也是我们党始终得到人民群众拥护支持的根本原因。先进性和纯洁性不是一劳永逸的，过去先进和纯洁并不代表永远先进和纯洁。当前，我们党正面临"四大考验"，需要克服"四种危险"。要有效应对各种考验和危险，同一切弱化先进性、损害纯洁性的行为作斗争，关键是要强化制度保障。党的十八大以来，习近平总书记多次强调要把思想建党与制度治党紧密结合。坚持制度治党，关键就是完善党规党纪，让党员干部按照党规党纪以更高标准严格要求自己，以党规党纪祛病疗伤、激浊扬清。《关于新形势下党内政治生活的若干准则》《中国共产党党内监督条例》《中国共产党纪律处分条例》《中国共产党廉洁自律准则》等,对党员干部行为规范的要求远高于法律对公民的要求。正是依靠党规党纪的严格要求,我们党才能不断增强自我净化、自我完善、自我革新、自我提高的能力,始终成为中国特色社会主义事业的坚强领导核心。

纪律之网不仅要覆盖全面、刚性运行,还要严密周全。习近平总书记指出,规矩是起约束作用的,所以要紧一点。① 紧一点自然就不舒服了,舒适度就有问题了,就是要不舒服一点、不自在一点,我们不舒服一点、不自在一点,老百姓的舒适度就好一点、满意度就高一点,对我们的感觉就好一点。要严格规范权力行使,不能松松垮垮,使党员特别是党员领导干部履职用权时随心所欲。对党员干部而言,收紧纪律的绳子也是对党员干部的爱护,党规党纪可以起到预防党员干部滑向犯罪深渊的作用,严明党的纪律和规矩,把好党规党纪底线,是对党员干部的及时教育提醒,严管中体现了厚爱。

(三) 党纪要先于国法

在抵御腐败病毒的侵蚀进攻中,道德防线、纪律防线、法律防线共同构成党员干部强大的免疫系统。党纪和国法作为防治腐败的两道防线,在防线构筑和作用发挥两个层面存在先后顺序,两者都体现了纪在法前的要求。在部分规范的生成上,纪律在先。纪律和法律具有方向上的一致性,两者都是党和人

---

① 慎海雄:《规矩紧一点才有约束力》,载《党建》2013年第4期。

民共同意志的反映和共同权威的体现,这一根本属性契合客观上要求我们做好党纪与国法的衔接。党的政策、主张和要求可以适时通过法定程序转化为国家法律,一些暂时不适合在国家层面实施的要求也可以在党内先行先试,条件成熟后上升为法律,成为全社会共同遵守的规范。

在触发机制上,纪律在前。纪律和法律具有作用效力上的时序性,纪律红线失守,往往是法律底线失守的预警信号,而法律底线被践踏,纪律红线必然早已逾越。因此,对党员违反规则的行为,纪律应率先反应,法律则是最后才响应的机制。有的地方在执行党的纪律时,把纪律要求降低到法律的普适层面(例如把法律规定的贪污贿赂5000元起刑点作为给予纪律处分的最低数额标准),使违纪等同于违法,导致党员干部要么是"好同志",要么是"阶下囚"。① 要杜绝这种现象,必须严格执纪,对苗头性、倾向性问题不放任自流,该提醒的提醒,该诫勉谈话的诫勉谈话,该组织处理的组织处理,该纪律处分的纪律处分,对任何违反纪律的行为"零容忍",不能等到法律底

---

① 职务犯罪侦查中存在一个常见现象,那就是侦查机关发现犯罪线索,不会立即启动立案侦查程序,而是通过前期调查,对线索进行核实,此过程如果无法进一步获取有价值的证据材料,立案存在风险,则会暂时封存线索,待日后有新的线索和证据材料支持时,再行启动调查。这种现象的出现与侦查规律有一定关系,侦查机关专责犯罪侦查,如果达不到犯罪立案标准,自然不会启动侦查程序,所以会暂时封存线索,也即所谓的经营线索,但这可能被外界批评为压案养案。犯罪侦查规律也决定了发现某个线索但达不到立案标准时,如果立刻公开介入,一方面会打草惊蛇,导致涉案人采取反侦查措施,另一方面直接介入采取轻违纪措施,实际上反而是以纪代法,会产生放纵犯罪的风险,所以是否立即启动立案侦查程序是一个充满争议的两难选择。

线被突破后才有所反应。此外，按照"先纪后法"的原则，纪检监察机关调查涉嫌违纪违法的人员，必须先作出开除党籍处分决定，而后再移交司法机关追究刑事责任，避免出现党员带着党籍进看守所、进监狱的现象。① 党纪处分的认定，依据的是《中国共产党纪律处分条例》，而不是法律；但触犯法律的行为，在纪律处分条例中往往也有对应的条款。因此，党纪处分不必依赖刑事判决。简言之，纪检监察机关有一套党纪政务处分的认定标准，无须以司法机关的认定为前提。

纪检监察机关执纪执法工作统一决策、一体运行，执纪执法活动中对"纪""法""罪"的不同证据标准也要贯通运用。执纪执法工作要求全面、客观地收集和鉴别证据，查明违纪违法事实，形成相互印证、完整稳定的证据链。实践中，"纪""法""罪"分属三个不同的评价体系，既相互贯通，又不完全等同，对"事实清楚、证据确凿"的具体把握也存在梯度和层次差异。审查调查工作中，要注意避免对党员干部违纪违法事实的证据标准把握不严、取证不足的问题，或者机械套用职务犯罪案件的证据审查标准、过度取证的问题。党纪和国法作为中国特色社会主义法治体系的重要组成部分，从各自不同的角度出发，在党治国理政中发挥着不同的效用。全面从严治党，把纪律和规矩挺在法律前面，需要严明党纪、从严执纪，这就要求我们明确党纪和国法的边界，不能将两者混同，该用党纪

---

① 监察体制改革之前曾出现党员判刑未作党纪处理、带着党籍蹲监狱的事情。监察体制改革就是要着力解决行政监察覆盖范围过窄、反腐败力量分散、纪律与法律衔接不畅等问题。

的时候用党纪,该用国法的时候用国法;同时,把握两者的联系,做好衔接和配套,充分发挥纪律和法律两道防线在治理腐败工作中的应有作用。

(四) 党纪和国法的贯通

党必须在宪法和法律的范围内活动是党章的明确规定,全面从严治党必须在法治的框架下开展,党的纪律必须符合法律规定。党纪的调整对象是党员和党组织,法律的调整对象是自然人、法人和其他组织。尽管党纪和国法在调整对象上泾渭分明,但党员的社会行为(如侵犯他人人身权利、民主权利等)同时受到纪律和法律的调整。因此,纪律必须遵从法律规定,不能突破法律的原则性、禁止性规范。"纪法贯通"为国家治理体系现代化奠定制度基础。国家治理体系是党领导下管理国家的制度体系,由一整套紧密相连、相互协调的制度构成,既包括以中国共产党章程为统领的党内法规制度体系,也包括以党的基本路线为统领的政策制度体系,还包括以宪法为统领的法律制度体系。党纪隶属于党内法规制度体系,国法隶属于国家法律制度体系,"纪法贯通"使国家治理体系呈现出一种立体性和多维性、协调性和民主性并存的状态,使治理体制的结构更加科学、机理更加系统。

实现执纪执法贯通、有效衔接司法,是深化纪检监察体制改革的内在要求,也是纪检监察机关高效顺畅履行职责的关键。深化纪检监察体制改革以来,促进纪法贯通、法法衔接的各项制度不断完善。党的二十大通过的党章修正案增写"推动完善党和国家监督体系",为进一步在深化纪检监察体制改革中促进纪法贯通、法法衔接提供了党内法规支撑;宪法的修改及监察法的颁布,对国家机构作出了重要调整和完善,为中国特色国家监察体制搭起了基本框架,为推动实现纪法贯通、法法衔接提供了法律依据;《中国共产党纪律处分条例》作为党内基础性法规,坚持纪法分开、纪严于法、纪在法前,同时,强调纪法贯通、法法衔接。《中国共产党纪律检查机关监督执纪工作规则》和《监察机关监督执法工作规定》为纪法贯通、法法衔接明确了程序规范,与刑事诉讼法、刑法等国家法律实现有效衔接。《公职人员政务处分法》《监察法实施条例》等法律法规,进一步完善纪法贯通、法法衔接工作机制。此外,中央纪委国家监委还制定或会同有关单位出台了《纪检监察机关监督检查审查调查措施使用规定》《查办党员和公职人员涉嫌违纪职务违法职务犯罪案件协作配合工作机制》《关于加强和完善监察执法与刑事司法衔接机制的意见(试行)》等一系列制度规范。日益完善的制度体系对于构建相互协调、相互制约,纪法顺畅贯通、法法有序衔接的工作机制提供了有效支撑,确保纪检监察各项工作在规范化、法治化、正规化轨道上运行。

在效力范围上,党纪有自身的效力范围,不能突破应有范围,侵入法律的规范事项。如涉及犯罪和刑罚、国家机构及其组织制度、基本经济制度以及财政、税收、海关、金融和外贸的基本制度等《立法法》规定的十项法律保留事项。在义务设定上,党纪往往体现更高更严的要求,但这种要求不能违反法律的基本原则,即要求党员实施违反法律强制性规定的行为。

比如，纪律不能强制要求党员捐献个人财产给国家，也不能要求党员在个人房屋拆迁补偿中服从大局、无条件接受补偿安置方案等。在行为评价上，党纪和法律在限制自由和权利方面各有侧重，法律侧重对人身自由和财产权的限制和剥夺，如拘留、罚款、判处刑罚等，党内法规侧重对身份资格等党员权利的限制和剥夺，如取消评选评优资格、撤销党内职务、限制选举权、被选举权和参与党内事务决策权利等。纪律不能设定属于法律特有的行为评价方式，如规定经济处罚、拘留、剥夺生命等。

二、"四种形态"中的纪法共治

"法律是一门实践性很强的学科，其法律术语与法律实践存在紧密的关系。"① 现代国家中治理主体和方式的多元化，形成了规范多元的治理体系，而这在根本上是不同性质的规范、权力和思维逻辑的复杂互动。

（一）监察法律规范和党内规范的内部结构关系

民法、行政法、刑事法等部门法均以国家法律体系为主体，尤其是刑事法等公法严格贯彻着权力法定原则，公权力的运行

---

① 周安平：《法律渊源的司法主义界定》，载《南大法学》2020年第4期。

有法律明确规定和授权，党内规范、道德等进入法源的空间较小。监察法领域的规范体系结构远比其他部门法复杂，主要表现为国家法律没有垄断监察执法的规范依据来源，法律规范和党内规范共同构成了执法规范体系，法律和党内规范之间是一种复杂联结关系。

1. 共生

在纪检监察合署办公体制中，纪委和监委实为"一体两面"的一个整体，纪法规范均由这个"整体"统一制定和发布。受到纪检监察一体架构的影响，纪法规范体系在个别重要事项上的边界变得模糊，党内执纪规范甚至直接规定监察事项，如《中国共产党纪律检查机关监督执纪工作规则》第 6 条规定了监察机关的领导和决策机制，第七章以"审查调查"为标题，[①] 第 39 条规定了职务违法、职务犯罪的调查审批流程，第 40 条则规定了审查调查可以使用的监察调查措施。纪委执纪和监察执法的内容实际上共同规定于党内法规之中。中央纪委国家监委从 2021 年开始发布执纪执法指导性案例，通过个案解读纪法疑难问题，同时对执纪执法提出工作要求，这也是一种典型的规范共生现象。

2. 共治

监察法律和党内规范是一种并行共治的关系，两类规范的性质不同，规制重点也存在差异。监察法律规范主要对监察执

---

① 按照纪检监察机关的业务分工，以监察机关之名进行监察调查，以纪检机关之名进行执纪审查，调查指向公职人员的违法犯罪行为，审查指向党员的违纪行为，审查调查指向兼有党员和公职人员身份人员的违纪、违法犯罪行为。

法程序、监察权类型、监察措施、政务处分方式和标准等事项进行规制，其中强制干预监察对象人身权利、财产权利的措施主要由《监察法》予以规定。在 2016 年监察体制改革之前，党内规范授权纪委使用"两规"措施限制党员干部的人身自由，但这并不符合《立法法》关于限制人身自由的措施只能由法律规定的要求。于是监察体制改革创设了留置措施以取代"两规"，留置的程序、期限等均规定于《监察法》，改变了先前由党内规范限制人身自由的做法。《中国共产党纪律检查机关监督执纪工作规则》中也有限制出境、技术调查、封存、冻结等限制党员干部权利的措施，这些措施只能由纪委以执纪的名义对中共党员实施，在形式上无法对外以监察执法名义直接适用于公职人员。党内规范的规制范围既涉及公务员的任免、升迁、行为要求和监督管理制度，也涵盖党的政策、决策和部署、监察工作要求等内容。许多重要监察事项以党内规范形式出现，如《公务员职务任免与职务升降规定（试行）》等重要公务员管理法规是由中央组织部门制定的。在关于政务处分的规范体系中，多数规范由党的机关直接制发或党政联合发布，只有少数以国家机关的名义发布。① 有学者统计，公务员管理领域的党内法规占比高达 83.6%，国家法律仅占 16.4%。②

---

① 政务处分的规范体系包括政务处分的对象、依据、程序、权限和权利救济，其中调查程序和处置方式均由法律规定，处分依据多由党内规范或党政联合发文规制。法规应用研究中心编：《公职人员政务处分法规政策实用手册》，中国法制出版社 2020 年版，第 1—11 页。

② 欧爱民：《党内法规与国家法律关系论》，社会科学文献出版社 2018 年版，第 193 页。

3. 模仿

实践中，大多数公职人员有党员身份，纪委执纪和监委执法的对象高度重合，执纪执法会以"双立案"方式同时启动，执纪和执法两类程序一体运行，因此两类程序的设置需要同步和衔接，以避免两类程序的流程设计差异过大，给执纪和执法程序的对接造成障碍。比如，《监察法》关于监察工作原则、执法程序和调查措施的内容设计，实际上参考了《中国共产党纪律检查机关监督执纪工作规则》的相关内容，除了执纪和执法的手段措施有部分差异，两类程序的流程设计几乎完全一致。

4. 吸纳

党内规范可以针对公职人员设定义务和提出监察执法要求，但监察执法的程序、措施、处置方式等主要由《监察法》《政务处分法》等法律予以规范。党内规范只有借助监察法律规范才能实质干预公职人员。比如，中共中央发布的"八项规定"为公职人员设定了行为规范和要求，但只能通过监察调查程序和政务处分程序才能对违反规定的公职人员进行查处。

5. 整合

两类规范在监察执法中以"纪法贯通"的方式联结在一起，许多重要条文必须结合适用。《政务处分法》中有许多不确定概念、抽象条款、兜底条款，这些在党内规范中有明确表述，因此只有借助党内规范才能准确理解和适用政务处分的规定，这也为党内规范进入监察执法留下运行空间。如《政务处分法》第 32 条规定，在选拔任用、录用、聘用、考核、晋升、评选等干部人事工作中违反有关规定的构成职务违法，而公务员职务任免和职务升降的内容具体规定于中央组织部制定的《公务员职务任免与职务升降规定（试行）》中。《政务处分法》第 29 条规定了"违反个人有关事项报告规定"这一违法情形，而个人事项报告的具体内容则规定于《领导干部报告个人有关事项规定》等规范之中。《政务处分法》第 35 条、第 36 条和第 38 条中大量使用"违反规定"的表述，结合这些条款所规制的行为内容寻找相关性规范，可以发现这些有关规定大多以党内规范的形式存在。

（二）党内规范直接约束监察活动的权力基础

党内规范原本只是约束党员的规则，虽未经国家有权机关的认可和确认，却可以直接规制监察执法活动，效力范围甚至可以扩展至非党员群体。有观点从政党参与行政的视角，认为这是一种党组织内部规范的"溢出效力"，具有党的阶级属性和宗旨层面的民主正当性。[1] 在特定的政党体制中，公共行政只是党务的副产品。[2] "党的十八大以来，执政党深度融入政府体系，形成了党政一体的复合型治理结构。"[3] 中国党政体制的内在规定和根本特征，是融政党于国家并与国家权力高度结合

---

[1] 欧爱民、贺丽：《正当性、类型与边界——党内法规溢出效力的理论建构》，载《湘潭大学学报（哲学社会科学版）》2020 年第 4 期。

[2] 〔意〕G. 萨托利：《政党与政党体制》，王明进译，商务印书馆 2006 年版，第 71 页。

[3] 王浦劬、汤彬：《当代中国治理的党政结构与功能机制分析》，载《中国社会科学》2019 年第 9 期。

的一元化领导的政治形态。① 在这种党政一元化框架中，党的机关直接参与国家事务管理，并将党内规范带入国家机关的法律适用领域。在这种解释之外，党直接管理组织人事工作也是一种历史传统。党管干部是中国特色干部人事工作的根本原则，② 中央组织部在 1980 年对此有过明确阐述：一切干部都是党的干部……对干部的任免、提拔、调动、审查和干部问题的处理，都必须由党委集体讨论决定，并按照干部管理权限由主管的党组织批准，不能由任何个人专断。③《政务处分法》第 4 条规定："给予公职人员政务处分，坚持党管干部原则，集体讨论决定。"党管干部的政策形成于革命战争时期，中华人民共和国成立后发展为党领导组织人事工作的国家基本体制，党员干部和非党员干部均接受党务机关的直接监督管理。党管干部要求调查和处置干部必须经过党委批准，而不能由某个国家机关或个人自行决定。事实上，党从未把干部管理权完全让渡给国家机关，干部管理的主导权始终由党直接掌控，国家机关只是承接了党移交的有限的干部管理职权，干部管理的主次关系从未改变。监察执法所涉及的公职人员的监督管理、反腐败、廉

---

① 景跃进等主编：《当代中国政府与政治》，中国人民大学出版社 2015 年版，第 14 页。

② 本书编写组编：《新时代党的组织路线读本》，党建读物出版社 2021 年版，第 155 页。

③ 钱再见等：《公务员制度创新与实施》，广东人民出版社 2002 年版，第 9 页。

政等事项，在历史上就是党直接介入和管理的领域。① 反腐败曾先后被定位为党的重大政治任务、关系党生死存亡的严重政治斗争和党的自我革命，这些事项在中华人民共和国成立后并没有被国家权力垄断或独享。党的机关始终处于监督管理党员干部和反腐败的第一线，这也可以解释为何许多重要的组织人事、廉政、监督、职务晋升等规范均由党的机关制发，国家机关反而只能补充性地介入其中。党的机关所制定的关于公职人员监督管理的"硬性"规范，在监察改革之前是行政监察机关的执法依据，现在依然可以规制国家监察机关的执法活动。

（三）监察执法的领导和决策机制

监察机关的管理体制是典型的双重领导，一方面接受同级党委的领导，监察机关的内部组织人事接受同级党委领导，重要的监察执法事项必须报请同级党委审批，如线索初核、监察立案、留置、作出处置决定等均应报送党委审批；另一方面，监察机关内部上下级之间是垂直领导关系，内部形成类似检察一体化的构造，上级机关可以向下级机关发布指令，下级机关有义务执行上级机关的决定。监察执法严格贯彻集体决策机制，重要监察事项均由纪委的领导集体决定。② 监察执法者在办案

---

① 国务院在1988年提出廉政建设之后，廉政工作曾一度由国家机关主导，后与党风建设逐步整合，在1993年中央纪委和国务院监察部合署办公之后，以党风廉政建设的形式成为党的机关直接领导的工作。

② 在纪委监委合署办公体制中，监察委员会内部不设党组，纪委党组领导监察委员会的工作，重要监察事项由纪委书记、副书记等纪委领导集体决定。

中的决策空间有限，本单位纪委监委领导、同级党委和上级监委能直接参与重要的执法环节。监察执法作为一项法律适用活动，应以遵循法律和坚守法律思维为原则，但个案决策可能受到政治思维、政治要求和大局情势等因素的影响，甚至《政务处分法》中也有不落实党的政策、不执行上级决策等属于政务违法的规定，这也是监察执法与司法裁判的巨大差异所在。

三、"四种形态"中的纪法衔接

《政务处分法》进一步明确了政务处分的种类、期间以及适用规则，而且与党纪处分制度实现了处分情形相对应、处分档次相协调、处分规则相对接，做到了纪律和法律相互贯通、一体执行。现实中，政务处分与党纪处分是两种不同的处分种类，二者可匹配适用，且二者的匹配适用一直是纪检监察机关关注的焦点。结合党内法规和法律法规及工作实践，我们认为，做好二者的匹配适用，应注意以下几点：

（一）"轻轻、重重"的匹配原则

为规范政务处分工作，中央纪委国家监委于2018年发布了《公职人员政务处分暂行规定》。根据该规定，监察机关对公职人员中的中共党员给予的政务处分，一般应当与党纪处分的轻重程度相匹配，这确立了政务处分与党纪处分匹配的基本原则。

根据2017年起试行的《纪检监察机关监督执纪"四种形态"统计指标体系（试行）》的规定，党内警告、党内严重警告2项党纪处分和行政警告、行政记过、行政记大过、行政降级4项政纪处分属于轻处分，归为"第二种形态"；撤销党内职务、留党察看、开除党籍3项党纪处分和行政撤职、行政开除2项政纪处分属于重处分，归为"第三种形态"。国家监察体制改革后，"政务处分"代替了"政纪处分"的概念，体现了监察全覆盖的本质要求。政务处分包含警告、记过、记大过、降级、撤职、开除六种。为延续落实《纪检监察机关监督执纪"四种形态"统计指标体系（试行）》的精神，我们可以把警告、记过、记大过、降级这4项政务处分作为轻处分，归到"第二种形态"；同理，把撤职、开除这2项政务处分作为重处分，归到"第三种形态"。

一般情况下，政务处分与党纪处分若匹配，则所给予的政务处分和党纪处分应同属于一种形态。这里需要特别注意的是，根据《人事部关于"行政降级处分"问题的复函》，"降级"处分是指降低级别工资，若级别工资档次为最低档次，可给予"记大过"处分（图4-1）。因此，降级处分是轻处分，不是重处分。

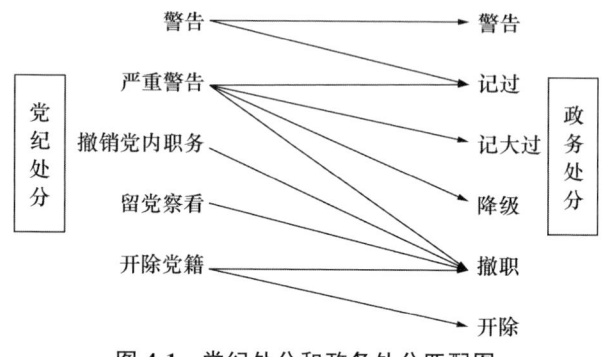

图 4-1 党纪处分和政务处分匹配图

第一,党纪重处分必须搭配政务重处分。撤销党内职务、留党察看、开除党籍和撤职、开除属于重处分。根据《公职人员政务处分暂行规定》的规定,受到撤销党内职务、留党察看处分的,如果担任公职,应当依法给予其撤职等政务处分;严重违犯党纪、严重触犯刑律的公职人员必须依法开除公职。实践中,被开除公职的党员一般也会被开除党籍,不存在搭配问题。重处分之间的匹配重点是政务撤职要与撤销党内职务、留党察看和开除党籍相匹配。

第二,留党察看处分与撤职处分的匹配。根据《中国共产党纪律处分条例》第 12 条第 3 款"党员受到留党察看处分,其党内职务自然撤销"的规定,结合撤销党内职务搭配撤职至少降低一个职务层次的结论,可以推出留党察看处分匹配撤职时,撤职处分也至少要降低一个职务层次。鉴于由撤销党内职务到留党察看的党纪处分是依次加重的,所以与撤职处分匹配时也要考虑两者的影响不同。但由于实践中案件情况较为复杂,具体如何匹配，还要综合考虑多种因素，做到精准运用。从公开的案例看，实践中存在留党察看2年匹配撤职时，撤职处分降低二个职务层次的情况，也有降低三个职务层次的情况；有留党察看1年匹配撤职时，撤职处分降低一个职务层次的情况，也有降低二个职务层次的情况。①因此，在不违反相关精神和规定的情况下，根据不同案件的情况，当给予留党察看1年匹配撤职时，撤职处分应当至少降低一个职务层次；给予留党察看2年匹配撤职时，则一般至少降低二个职务层次。

第三，开除党籍与撤职处分的匹配。实践中，被开除公职的党员一般也都会被开除党籍，但被开除党籍未必会被开除公职。结合具体案情，有些党员领导干部违纪情节严重，影响党

---

① 2016年1月15日，国务院新闻办公室举行新闻发布会，解读十八届中央纪委六次全会精神，并答记者问。香港《文汇报》记者提问："我们注意到近年来有一些省部级官员受到了断崖式的降级处理，依据和标准是什么，这些官员后来生活待遇发生哪些具体的变化？"时任中央纪委案件审理室主任罗东川回答："断崖式处理是新闻媒体形象的说法，从纪律审查来讲，在纪律审查当中对严重违纪的被审查人，按照规定给予党纪重处分，比如说撤销党内职务，留党察看，开除党籍，同时在职务上进行重大职务调整。比如从省部级降为局级，有的降为处级，有的降为科级。给予这样的处理，按照党的法规规定，按照纪律处分条例，按照案件检查规则、审理工作条例的规定，针对违纪的不同情况，按照违纪的事实，按照纪律处分相关规定，区别不同的情况。从体现惩前毖后，治病救人的方针，对他作出这样的处理，也是中纪委提出的'四种形态'当中的一种，根据违纪的具体情况给予党纪重处分，同时在职务上作出重大调整，大家从媒体上能见到这样一些报道。"政务撤职处分，是指撤销（现任所有）职务，并同时降低职级、级别和工资。撤职时按降低一个以上（含一个）职务层次另行确定职务（2019年职务与职级并行后改为降低职级），一般不得确定为领导职务。也就是说，受政务撤职处分的领导干部，领导职务"一撸到底"，不再是领导干部，同时职级（非领导职务）降一级或一级以上。多家网络媒体将"断崖式降级"等同于降级处分，实际上是误读。降级处分降低的是公务员的级别，对受处分人的实质影响是降低了级别工资，与职务、职级层次无关。

员形象，被给予开除党籍处分，但不同时给予开除公职处分的，应当给予撤职处分。鉴于开除党籍处分较留党察看处分更重，因此匹配开除党籍处分的撤职处分，应至少降低三个职务层次为宜，如果不够降低三个职务层次的，可以降到最低级别。当然，具体降低多少职务层次需要结合实际情况综合把握。

第四，党纪轻处分不必然搭配政务轻处分。相关规定仅对党纪重处分搭配政务重处分作出过要求。实践中，党纪轻处分和政务轻处分可以搭配使用，也可以单独使用。鉴于党内警告的影响期与记过处分的期间一致，党内严重警告的影响期与记大过处分的期间一致，因此实践中给予党内警告、党内严重警告处分一般不再匹配记过、记大过处分。如果根据违纪性质和情节给予的处分，介于党内严重警告和撤销党内职务之间，则可以给予党内严重警告处分，同时给予降级处分，以突出良好的执纪执法效果。

其五，党纪处分与政务处分需同时作出。这里强调时间性，基于的是处分的权威性和严肃性，体现的是对被处分人的权利保护，以及保障案件处理效果的公正性。因党纪处分的影响期与政务处分的期间基本一致，两种处分搭配使用的情况下，处分的实际影响期就是时间较长的处分的影响期。如果党纪处分与政务处分作出时间差距太大，会造成实际影响期的延长，影响案件处理效果的公正性。比如，某领导干部被给予党内严重警告处分，并匹配降级处分。党纪处分和政务处分同时生效，对受处分人的影响是 24 个月。但如果党纪处分作出 3 个月后，监察机关才作出政务处分,对受处分人的影响实际将会变成27个月。因此,无论党纪处分和政务处分如何匹配适用,实践中要关注的是处分的生效时间对被处分人造成的实质性影响。

(二) 党纪处分和政务处分的顺序与衔接

全面从严治党,要求将"纪严于法、纪在法前"精神体现在具体实践中。对具有党员身份的监察对象给予开除公职处分的,必然匹配开除党籍处分。但给予开除党籍处分的,未必一定要开除公职。根据《中国共产党纪律处分条例》第11条的规定,撤销党内职务处分,是指撤销受处分党员由党内选举或者组织任命的党内职务;对于在党外组织担任职务的,应当建议党外组织依照规定作出相应处理。对于应当受到撤销党内职务处分,但是本人没有担任党内职务的,应当给予其严重警告处分;同时,在党外组织担任职务的,应当建议党外组织撤销其党外职务。据此,给予撤销党内职务处分时,一般应当搭配撤职处分。在处分的衔接匹配方面,《公职人员政务处分暂行规定》第8条规定,监察机关对公职人员中的中共党员给予政务处分,一般应当与党纪处分的轻重程度相匹配。其中,受到撤销党内职务、留党察看处分的,如果担任公职,应当依法给予其撤职等政务处分。严重违犯党纪、严重触犯刑律的公职人员必须依法开除公职。在处分的顺序方面,《中国共产党纪律处分条例》第29条规定的是,一般先给予党纪处分,再给予政务处分。根据2010年《关于公务员纪律惩戒有关问题的通知》的规定，给予公务员撤职处分，撤销其现任所有职务，并在撤销职务的同时降低级别和工资。撤职时按降低一个以上（含一个）职务层次另行确定职务，一般不得确定为领导职务。根据以上规定，撤销党内职务匹配撤职时，撤职处分至少要降低一个职务层次。

《中国共产党纪律处分条例》只是原则性地规定了政务处分中所认定的事实经核实后可以作为给予党纪处分或者组织处理的依据，但并未就可以转化证据的移交主体、证据的类型等问题作出规定。对于这些问题，第一，因纪检机关和监察机关合署办公，所以证据移交的主体较容易确定。第二，在可转化的证据类型方面，《刑事诉讼法》第54条进行了规定；最高人民法院、最高人民检察院、公安部于2011年发布的《关于办理侵犯知识产权刑事案件适用法律若干问题的意见》第2条也明确规定："行政执法部门依法收集、调取、制作的物证、书证、视听资料、检验报告、鉴定结论、勘验笔录、现场笔录，经公安机关、人民检察院审查，人民法院庭审质证确认，可以作为刑事证据使用。行政执法部门制作的证人证言、当事人陈述等调查笔录，公安机关认为有必要作为刑事证据使用的，应当依法重新收集、制作"。结合上述两个文件的规定，证据的转化根据证据的类型不同存在不同的要求。对于实物证据，经过审查可以作为证据使用，其原因在于实物证据是一种客观存在，受人的主观因素影响较小，其稳定性和证明力较强，并且实物证据经有关部门收集后也无法再次取证。①

总之,未来有必要针对党纪处分和政务处分的证据转化问题出台专门的规范性文件予以规制,对相关程序细节予以细化,设计具有可操作性的规范。

---

① 高通:《行政执法与刑事司法衔接中的证据转化——对〈刑事诉讼法〉(2012年)第52条第2款的分析》,载《证据科学》2012年第6期。

第五章
"四种形态"中的法法衔接

从职务犯罪监察调查程序的线索处置到移送起诉的整个阶段看,监察调查的外部程序衔接主要涉及的是公安机关和检察机关,这两个机关是监察调查工作最主要的程序衔接主体;与此同时,也存在监察委与其他执法机关、监督机关以及国际执法协助机关的程序对接。

一、法法衔接中的两阶段法治差异

由于先前具有刑事诉讼统一外观的刑事追责流程被重塑,再现为"监察调查+刑事司法"两阶段构造,监察法、刑事诉讼法分别占据两个阶段,因此刑事诉讼法的规制范围在实质上收缩了。而两阶段之间存在功能定位、权力性质、程序逻辑、话语体系的内在冲突。监察法、刑事诉讼法因刑事追责目标而彼此衔接，但二者的衔接长期为两阶段中存在的冲突所困扰。解决冲突的方案存在两种立场之争：一是刑事诉讼法、宪法等部门法学者倡导的法治移植。多数学者以刑事程序法治理念及相应程序设计为参照，一直主张监察调查程序应进行法治化改造。① 二是监察实务界特别强调的监察调查的非诉讼性，坚持这一观点的学者不认可其他部门法原则的普适性。② 两种立场的论者都想将对方纳入己方的叙事逻辑，以致争论持续到现在。

（一）刑事追责在两法中有主线、支线之分

法治是两法制定、修订的基本原则。全国人大在2018年发布的《关于〈中华人民共和国监察法（草案）〉的说明》提出，制定监察法是为了"以法治思维和法治方式开展反腐败工作"。同年发布的《关于〈中华人民共和国刑事诉讼法（修正草案）〉的说明》也要求修法应"坚持法治思维，维护司法公正，遵循诉讼规律"。虽然两法立修时都倡言法治，但法治原则进入两法后形成了差异化的程序构造，以适应不同权力的运行需求与特质。

刑事诉讼法是规范刑事诉讼活动的基本法，是具有"治罪

---

① 陈光中、邵俊：《我国监察体制改革若干问题思考》，载《中国法学》2017年第4期。监察法改革试点期间，《环球法律评论》等刊物曾集中刊发有关监察改革方案的学术论文。刑诉法学界的陈光中、卞建林、陈卫东、龙宗智、左卫民、程雷、汪海燕、刘艳红、张建伟、施鹏鹏等学者，以及宪法学的秦前红等学者先后发表数十篇专题学术论文，均呼吁在监察法中引入现代法治原则。

② 《调查权不同于刑事侦查权》，载《中国纪检监察报》2017年11月16日第1版。

之法"色彩的程序法。其聚焦于犯罪追诉过程，所规制的侦查权、起诉权、审判权等均为刑事诉讼职权，各类权力在诉讼构造中有固定功能且目标一致。由于诉讼构造建基于司法活动，因此刑事程序法主要反映的是司法权运行规律。对比之下，"监察法是反腐败国家立法，是一部对国家监察工作起统领性和基础性作用的法律"①。监察法是一部集组织法、实体法、程序法、救济法为一体的综合性部门法。②监察法聚焦于监督公权力，所规制的监督权、调查权、处置权等均属于国家监察权范畴。监察程序法治主要反映的是监察权运行规律，而未凸显刑事追责的法治需求。比如，《监察法》第1条的立法目的提及反腐败、国家治理、监督公权力三个关键词，却未如《刑事诉讼法》一样明示惩罚犯罪的目的。

总之，两法的交集点是刑事追责，刑事追责在刑事诉讼中是主线，但在国家监察中却是易被监督活动湮没的支线。这也决定两法的程序法治版本或有相似之处，但不会完全一致。

（二）程序运行结构体现两种法治逻辑

由于监察法、刑事诉讼法所规制权力的运行规律、历史传统、政策要求等不同，因此两法构建的程序运行逻辑存在差异，进而形塑出不同的程序法治样态。

---

① 李建国：《关于〈中华人民共和国监察法（草案）〉的说明——2018年3月13日在第十三届全国人民代表大会第一次会议上》，https://www.gov.cn/xinwen/2018-03/14/content_ 5273855.htm，2025年3月15日访问。

② 姜明安：《国家监察法立法的若干问题探讨》，载《法学杂志》2017年第3期。

第一,程序构造存在对抗式与单方主导的区别。刑事诉讼被界定为国家追诉犯罪活动与犯罪嫌疑人、被告人防御活动的结合。①现代诉讼构造强调犯罪嫌疑人、被告人的程序主体地位,以实现控辩平等对抗为基本原则。国家机关与个人的对抗关系既得到刑事法理论的支持,也成为刑事诉讼构造的主线索。刑事侦查虽具有行政权运行单方主导的某些特质,但亦体现对抗的理念及程序法治要求,程序设计体现有限的对抗。相比之下,国家监察是监察机关对公职人员的单向性监督活动。国家机关与公职人员是一种领导管理关系,公职人员的身份附随着服从管理和监督的法律义务,拒绝监督本身即违纪违法行为。监察程序构造并不以对抗为主线索,对抗的程序构造理念并未被引入监察法,它是一种以科层制组织管理为基础的单方主导构造。纪法规范多否定对抗的程序理念,对抗可能引起"四种形态"向较重形态发展,②甚至演变为一类对抗组织审查的违纪违法行为。

第二,程序运行的自治空间存在差异。刑事司法遵循党管

---

① 《刑事诉讼法学》编写组编:《刑事诉讼法学(第四版)》,高等教育出版社2022年版,第2页。
② 监督执纪执法"四种形态"之间存在形态转换关系。《中国共产党纪律检查委员会工作条例》第31条规定,第二种形态适用于有一般违纪问题,或者违纪问题严重但具有主动交代等从轻减轻处分情形的情况。在湖北省襄阳市高新区纪检监察工委关于尹运清违纪违法问题的通报中,尹运清有两个违纪情节,本应适用第二种形态的轻处分,但因其主动投案,适用"自查从宽",最后适用第一种形态的诫勉谈话。《关于对尹运清同志予以诫勉的决定》,http://www.xyjwjc.gov.cn/xxgk/xsq/gxkfq/scdc_17393/202111/t20211116_2637505.shtml,2024年8月30日访问。

政法原则，但刑事司法自治也有一定保障。党管政法主要体现为政治、组织和思想领导，而非由同级党委审批所有刑事案件。彭真在1979年明确提出党委不应再审批案件，要支持法检依法独立行使职权,①同年中共中央发布的《关于坚决保证刑法、刑事诉讼法切实实施的指示》首次在党内文件中要求正式取消各级党委审批案件制度。②此后，公检法办案一般采取事前或事后报告方式，这种做法符合司法权运行规律，可在一定程度上维持刑事司法程序的有限自治，也预留了司法审查等现代刑事程序方案的引进空间。

监察工作严格贯彻党管干部原则，压缩监察程序的自治空间。该原则与监察法立法目的一脉相承。由党管干部原则衍生出党委审批案件程序，监察法也设置了以干部管理权限为依据的分级管辖制度，监察立案、留置、处置等重要事项均由同级党委审批。此种程序构造使监察权能够抵御其他权力的干涉，却也限制了司法审查等刑事程序法治理念及制度的引进。

第三，监察逻辑和司法逻辑的差异。监察委和刑事司法机关运用不同逻辑审查判断职务犯罪案件。一是两机关对个人自由裁量权的限制程度不同。刑事审判以法官亲历为原则，判决主要基于法官对案件的审查判断，司法人员的自由裁量权受到法律明确限制。监察权的行使对象是公职人员，案件涉及面较广，不可能由监察人员独断立案和处置，监察工作全面推行集

---

① 《彭真文选》，人民出版社1991年版，第239页。
② 李步云：《论法治》，社会科学文献出版社2008年版，第152页。

体决策程序,办案人员几乎没有自主决策的空间。二是存在类案同判与类案平衡的区别。刑事判决以类案同判为基本导向,地区之间的司法裁判趋向会尽量保持一致。而监察办案以类案平衡为方向,以个案的灵活处置为通常做法,不同地区的类似情况可能有差异悬殊的处置方式。三是审查判断方式存在差异。公检法审查判断案件应严格执行刑法和刑事诉讼法的规定,处理决定较少受地区差异、个人职务等案外因素的影响。而同级党委和纪委审查处置案件则会综合考量政治效果、纪法效果和社会效果,党和国家政策、政治生态、案发时期等均为衡量因素。①对政策导向的综合评判可能导致同类情况难以同判,且易出现监察逻辑与司法逻辑在同一事项上的不一致。

(三) 内向型控权和平行权力制约控权的导向差异

"有权力的人们使用权力一直到遇有界限的地方才休止。"②权力运行具有扩张的本能,权力不受控制则会走向专横,程序法治是以程序理性控制权力扩张的。控权方式有内外之分,两者各有优劣。监察法与刑事诉讼法所设计的控权方案不同,前者虽有外部控权设计,但更偏重内部控权,后者则倾向于实行

---

① 国外在公务员惩戒中也存在采取综合评判违法失职人员是否适合继续履职的做法。如德国法律实行职务违失一体性原则,即将公务员所有的违法失职行为视作一个整体看待。他们认为,维护公务纪律和公务管理秩序,必须综合评判公职人员的人格心理、行为性质等。

② 〔法〕孟德斯鸠:《论法的精神(上册)》,张雁深译,商务印书馆1961年版,第151页。

平行权力的制约控权。

第一，监察法构建的是内向型控权方式。国家监察法涉及的对监察权行使的监督制约制度虽然强调了内外结合的总体监督，但更偏向于内部的控制监督。① 监察法以内部控权为导向设置控权方式，是一种基于领导管理体制和内设部门分工的内向型控权。监察业务中的内部控权有两种方式：一是通过案件审批进行控权。立案、留置等重要监察事项均应依法报请纪委党组、同级党委或上级监委审批。二是对内设部门的业务进行监督控权，即对监察机关的审理部门、案管部门、审查调查部门等职能部门进行业务监督。同级党委虽然是监察体系之外的主体，但它通过双重领导体制参与腐败案件查办过程，实际上属于案件办理的一类参与者，因此不宜被视作完整意义上的外部控权主体。

但监察权的外部控权也非空白，学界已论证过的监察权的外部控权方案，如推进人大的监督、②检察机关提前介入监督、③司法机关制约监督职务犯罪监察调查，④也就是让人大、司法机关等成为外部控权主体。然而，目前监察机关已成为强势权威的专责监督主体，重要监察事项又由同级党委审批确认，外部

---

① 秦前红：《监察机关依法开展自我监督之路径研究》，载《深圳社会科学》2018年第1期。
② 周佑勇：《监察委员会权力配置的模式选择与边界》，载《政治与法律》2017年第11期。
③ 陈海锋：《检察机关介入职务犯罪调查的监督性》，载《法学家》2024年第3期。
④ 陈辉：《司法制约职务犯罪监察调查的逻辑定位与法治路径》，载《政治与法律》2024年第8期。

监督的介入空间和时效性均待实践检验。总体而言，上级监委、同级党委通过审批实施的制约监督更为有力，控权构造仍以权力内控为导向。

第二，刑事诉讼法以权力分离和制约为控权导向。中国刑事诉讼构造吸收了现代诉讼构造的控权理念及方式，既设置内部程序控权方案，也实行以权力制约为导向的外部控权方案。内部控权以严密的程序规范约束权力运行。1996年，《刑事诉讼法》第一次修正，收容审查、免诉制度等缺乏监督制约的措施被废除，讯问等侦查措施的适用时间、步骤等更加细化，逮捕等强制措施的实施条件和审查方式更为合理。《刑事诉讼法》的法条数量在历次修法后已大幅增加，从1979年版本的164条扩增至2018年版本的308条。外部控权则建立以刑事司法权力分离为基础的权力制约机制，如控审分离，逮捕由检察院审查，检察机关监督侦查、审判和执行等程序设计，蕴含权力分离和制约监督的程序理念。中国刑事诉讼控权机制整体上以外部控权为导向，但并非没有缺陷。中国刑事诉讼存在侦查权运行较为封闭，侦查权过于强大而外部控权不足的问题，这些特征被概括为强职权主义诉讼构造。[1]侦查机关一度十分强势，侦查程序缺少司法审查的监督制约，以致出现权力失控，造成滥用权力、侵犯人权等现象，出现侦查中心主义的批评。[2]但是，随着司法权依法独立运行的保障增强，司法机关开始通过排除非法

---

[1] 施鹏鹏：《为职权主义辩护》，载《中国法学》2014年第2期。
[2] 陈瑞华：《论侦查中心主义》，载《政法论坛》2017年第2期。

证据等程序制约侦查权，检察权、审判权对侦查权的制约监督有所强化。

（四）两法的程序人权标准存在差异

各部门法之间的人权保障标准有差异本无可厚非，争议点在于是否应引入刑事程序的权利保护标准——监察委调查职务犯罪有刑事追责的目的，调查权强度等同侦查权，调查措施可限制个人自由等基本权利——其中最受关注的是监察程序中被调查人能否聘请律师。监察体制改革推出了禁止夜间审讯等多项保护人权的措施，但立法没有明确授予被调查人聘请律师的权利。在理论上，由于立法没有禁止被调查人聘请律师，被调查人可以自行选择是否聘请律师。但也正因如此，律师在调查程序中的地位、权利等均为空白，被调查人在被留置后无法会见律师，律师在监察调查程序中难以发挥实际作用。

刑事诉讼法对律师介入犯罪调查有过立场转变。1979年制定的《刑事诉讼法》未明确律师能否介入侦查程序，1996年修正后才正式确认犯罪嫌疑人在侦查阶段拥有聘请律师的权利，之后的修法又通过改革法律援助制度加强对辩护权保障。《刑事诉讼法》修订的一条主线原则是"统筹处理好惩治犯罪与保障人权的关系"[①]。当然，目前刑事侦查程序中对人权的保护仍

---

① 王兆国：《关于〈中华人民共和国刑事诉讼法修正案（草案）〉的说明——2012年3月8日在第十一届全国人民代表大会第五次会议上》，http://www.npc.gov.cn/zgrdw/huiyi/lfzt/xsssfxg/2012-03/09/content_1707027.htm，2025年5月27日访问。

有不足，律师在侦查阶段的权利受到较多限制，但相比律师进入监察调查程序于法无据而言，刑事诉讼法在人权保护上已是采取了"高标准"，而在实践中，两法在人权保护标准方面的差异，又使得二者在衔接时出现了人权标准"就低不就高"的现象。

人权保护标准的差异使两类程序在发生交集时相关人员会出现选择困难。两法的应对策略是允许两个标准各行其是，但由此出现了许多难以解释的程序结构。比如，监察委和检察院均有权立案调查十四类职务犯罪，但两种调查程序中的律师权利不同。一名涉嫌徇私枉法的公职人员，在由检察院立案侦查时，有权聘请律师，并可以适用取保候审等非羁押措施；而在由监察委立案调查时，则无权聘请律师提供法律帮助，主要适用留置而不是非羁押措施。再如，监察委移送司法的案件需要检察院补充侦查的，犯罪嫌疑人在此期间有权聘请律师；而退回监察委补充调查的，被调查人则无权聘请律师。两种均为以刑事罪责为目标的犯罪调查程序，却采取差异化的人权保障标准，这种衔接程序需要进一步解释。

监察实务界有观点认为，固有法学理论存在相对性和局限性，律师介入监察调查不是普遍适用的法律原则，[①] 而且查办职务犯罪案件最怕串供、隐匿和毁灭证据，如果律师介入会影

[①] 王爱平：《从三个角度理解认识监察法》，载《中国纪检监察报》2018年5月31日。

响调查进程，不利于反腐败办案工作的进行。① 但律师介入犯罪调查的风险绝非不可控，刑事侦查程序引入律师辩护并未动摇侦查工作，律师介入也可完善调查的程序法治外观，并非只有设想的负面后果。

学界也尝试对两种程序的人权标准进行解释。一种诠释思路是援引欧美国家限制犯罪嫌疑人沉默权的先例，认为在反腐特别程序中可以克减公职人员的权利。② 但英国等国只是限制沉默权的适用情形，目的是防止犯罪嫌疑人在特定情形下滥用此权利，并未彻底取消沉默权，③ 现代法治国家更没有彻底剥夺律师辩护权的做法。因此笔者认为，特别程序不是无限剥夺个人基本权利的理由。还有一种解释是采取"权利让渡"和"义务增持"理论。该观点由实务部门的研究者提出，得到部分学者的支持。这一理论主张党员干部为了实现党的理想信念宗旨，自愿进行"权利让渡"，即同意限制作为一般公民所享有的部分权利，并自愿担负高于一般公民的义务，进行"义务增

---

① 谭畅：《"我无权单独对一个案子拍板"——专访浙江省监察委员会主任刘建超》，载《南方周末》2018年3月15日。

② 魏昌东：《腐败治理体系法治化发展的一般原理》，载《南京大学学报（哲学·人文科学·社会科学）》2020年第3期。

③ 英国是沉默权制度的发源地，也是较早开启沉默权限制改革的国家，其主要做法是允许法官在特定案件中，对行使沉默权的被告人进行不利推论。限制沉默权是为了平衡打击犯罪和保护人权的目标，并不意味着取消了沉默权。目前，很多国家都允许法官作出此类推论。龙宗智：《英国对沉默权制度的改革以及给我们的启示》，载《法学》2000年第2期。

持"。① 但如果以此理论为限制权利的理论根据，监察法可以更严厉地限制公职人员的法律权利，包括剥夺调查阶段的律师帮助权。

"权利让渡"和"义务增持"理论类似德国法律中国家干预公职人员权利的理论及相应实践。19 世纪的德国有一种处理国家和公务员关系的特别权力关系理论，该理论认为，两者基于合意而成立公法契约的勤务关系，国家可以根据管理需求自行制定规则限制公务员的权利，公务员必须服从且不能寻求诉讼救济。② 在此理论下，公民如果自愿进入国家封闭主体内部，则意味着自动放弃其权利。自愿放弃自然无侵害可言，此解释亦适用于军队、学校、医院等场域。此理论因排斥法律保留原则而受到质疑，各国在二战后逐步将其抛弃，也有国家对此理论进行修正，进一步发展出重要性理论、特别法律关系理论、公法上职务关系说、统一法律关系说等新学说。③新学说肯定国家和公民之间存在服勤务等特殊法律关系，允许国家特别限制公职人员的权利和设定特别义务，这是公民加入"体制"的一种代价。

然而，新的法律关系理论并不支持限制公职人员的程序性权利。国家可以给公务员设置更高的道德义务、禁止其进入娱

---

① 丁英华、刘旺：《党员的"权利让渡"与"义务增持"》，载《中国纪检监察》2022 年第 23 期。
② 蔡震荣：《行政法理论与基本人权之保障》，五南图书出版有限公司 1999 年版，第 8 页。
③ 程明修：《行政法之行为与法律关系理论》，新学林出版股份有限公司 2005 年版，第 371—372 页。

乐场所、限制其交际范围等，但程序法中的法律面前人人平等原则不可破，公务员也应当享有同其他公民一样的程序权利。现在的通说已经否定特别权力关系的绝对性，不支持国家任意限制公务员权利，认为权利限制不能突破依法治国原则。但依法限制也不意味着国家可以通过立法任意剥夺公务员的权利。此外，职务犯罪案件中被调查人并非全是公职人员，如行贿人可能是非公职人员。这些非公职人员不是体制内的党员干部，又何谈"权利让渡"和"义务增持"？监察立法对普通公民在监察调查程序中的权利保护仍有不足。两法中的差异化程序人权标准缺少合理的理论根据。

二、监察机关与其他机关的衔接

（一）监察机关与公安等执法机关的程序衔接

公安机关是调查普通刑事犯罪的主要机关，拥有十分强大的调查手段，是监察委调查职务犯罪倚重的力量，双方在调查业务协作及犯罪调查程序衔接方面存在密切联系。公安之外的其他执法机关对监察委的调查取证工作也有重要协助作用。

1. 程序衔接

监察调查程序在实际运行中可能与刑事侦查程序发生程序对接关系，有些监察调查措施监察机关无法独立完成，需要公安等执法机关予以协助，这就涉及监察委与执法机关的业务程序衔接。这种程序衔接主要发生在以下两个方面：

一是协助调查中的程序衔接。调查职务犯罪案件可能需要收集信息情报资料，比如查询工商登记、银行记录、个人社会关系、住宿记录等信息，或者冻结涉案单位和个人的存款、汇款、债券、股票等财产，而监察委缺少直接的调查手段来完成上述任务，此时就需要管理这些信息资料的机关予以协助。一般的程序衔接流程是先由监察委开具合法的调查取证文书，然后由两名以上的调查人员持合法证件及法律文书前往相关单位取证，接受取证请求的单位在完成调查任务后，会在调查法律文书的回执上签字盖章，该法律文书及相关调取资料将一同装入案卷。这类调查取证的程序衔接主要涉及监察委内部取证审批流程、对外调取证据流程和相关单位的协助流程，具体的协助模式依单位不同而略有差异。

二是交办执行中的程序衔接。这类程序衔接分为两个阶段，第一个阶段是监察委做出采取调查措施的决定，第二个阶段是有执行权的机关执行监察委的决定，这种情况主要发生在监察委和公安机关之间。监察委决定采取留置、技术调查、通缉、限制出境等调查措施，只能先由其做出具体的决定，之后将决定文书交给公安机关，由公安机关来具体执行这些调查措施。比如，监察委做出通缉的决定后，将通缉决定文书交给公安机关，公安机关再按照有关通缉令发布的程序依法进行通缉。需要注意的是，虽然留置也是交由公安在其管理场所执行，但是监察委在公安机关执行留置期间，也广泛参与留置执行中的安全保障、讯问等工作。①

2. 程序协调

在某些特殊情况下，监察委调查的犯罪嫌疑人可能同时涉嫌其他侦查机关管辖的犯罪案件，如在监察委对犯罪嫌疑人依法启动监察调查程序的同时，公安机关、检察机关等也启动刑事侦查程序。两类程序针对同一个对象同时运作，必然存在许多需要协调处理的程序事项。

第一，立案程序协调。犯罪嫌疑人涉嫌监察委与侦查机关同时管辖的犯罪，可能有两种情况：一是监察委和侦查机关在立案之前，分别发现了涉及对方管辖的犯罪；二是监察委和侦查机关中的一方已经开展立案调查，并在犯罪调查中发现了对方管辖的罪名。在这两种情况下，是监察委和侦查机关分别立案，还是由某一个机关进行并案处理，是一个需要考虑的问题。根据监察管辖的原则，关联案件实行监察委管辖优先的原则，且监察委有权对调查对象涉嫌的所有犯罪实行并案处理。实践中比较灵活的做法是由监察委和其他侦查机关沟通协商，并以监察委的处理意见为主确定具体的立案方式。

第二，调查程序协调。针对上述立案程序可能存在分别立案调查和并案处理两类情况，如果监察委决定进行并案处理，

---

① 按照《监察法》的规定，留置必须在公安机关管理的场所由公安机关执行。公安机关管理的场所比较多，以看守所最为典型。地方监察委在办案实践中，比较通行的做法是将纪委原培训教育中心改造成适合留置的场所，然后由公安机关负责管理。在公安机关执行留置过程中，监察委的案件监督管理等部门也会参与留置监管，以确保留置场所及留置对象的安全。

此时由监察委作为主要的犯罪调查机关,对犯罪嫌疑人涉嫌的所有犯罪进行调查,考虑到公安机关在调查其他类型犯罪方面比较专业,监察委仍有必要让公安等侦查机关的人员参与案件调查,协助监察调查人员完成案件的调查取证任务。如果监察委和其他侦查机关协商后决定分别立案调查,此时就涉及以下监察调查程序和刑事侦查程序的协调问题:

首先是调查主次的分工。按照监察管辖中监察为主的原则,应以监察委调查职务犯罪为优先次序,此时监察调查程序事项应予以优先处理,比较灵活的做法还是双方沟通协调好刑事侦查程序的进度安排。

其次是调查措施的协调。监察委和侦查机关有各自的调查措施体系,两者的询问、讯问等调查措施较为类似,但是留置、逮捕、取保候审等措施存在较大差异。要保证全案调查顺利进行必须协调好两类调查措施之间的关系,一般的处理方式是遵从监察委为主的原则,即以监察委采取的留置等措施为主,侦查机关借用监察委的调查措施来调查取证。在某些特殊情况下,监察委可以和公安机关进行协商,确定适合双方共同调查时可以采取的调查措施。

最后是案件移送的协调。监察委和其他侦查机关分别完成各自的调查取证任务后,就面临案件移送起诉的问题,此时比较可行的做法是监察委与其他侦查机关协调移送起诉的程序节奏,保证案件能够在整体上同时进入审查起诉环节,避免程序脱节。此外,侦查机关的刑事侦查程序和检察院审查起诉程序同属刑事程序范畴,两类程序的衔接有着明确的法律规定,且程序衔接的实践运行已比较成熟。而监察委的调查程序和审查起诉程序的衔接仍处于不断完善的过程中，且《监察法》规定了许多关于监察案件移送起诉的特殊内容，如退回补充调查、不起诉、申诉等，这些规定与《刑事诉讼法》关于刑事案件审查起诉的程序内容存在差异。这种差异可能导致同一个对象涉嫌不同的罪名，在审查起诉环节面临不同的处理程序，并带来刑事法制不统一的问题。[1]

（二）监察机关与检察机关的程序对接

监察案件调查终结之后，如果需要移送刑事司法程序处理，则必须进入检察机关的审查起诉程序，由检察机关对案件进行全面审查后再决定是否移送起诉。检察院如同监察案件流转过程中的第一道司法闸门，直接影响监察案件后续的司法处理结果，因此监察调查程序和审查起诉程序之间的对接节点最多，对接内容复杂，也是监察调查外部程序中的核心环节。监察调查程序和审查起诉程序的对接主要包括以下几个环节：

1. 管辖改变

监察案件不仅在犯罪调查阶段需要依法确定管辖机关及解决管辖争议，在移送起诉及审判阶段也同样存在需要解决的管辖问题，这涉及刑事诉讼的管辖制度，其中最典型的是实践中常见的异地起诉和异地审判。腐败案件不同于一般刑事犯罪的

---

[1] 该问题在审查起诉的退回补充调查环节也有体现，主要原因是监察体制改革对监察调查的性质进行了特殊规定，使其区别于刑事侦查程序。

特殊之处在于其涉及复杂的地方利益关系，腐败官员往往在一地经营多年且拥有牢固的关系网络，这些因素可能会导致涉事官员的案件无法在当地司法机关得到公正处理，于是就催生了司法实践中经常出现的异地起诉和异地审判的案例。所谓异地起诉和异地审判本质上是一种对刑事管辖的变更，即将案件的管辖由原机关转移给其他更适合管辖的机关，这主要通过上级司法机关行使指定管辖权来实现。

此处的管辖权变更是一种刑事管辖权的改变，不能适用监察管辖的规定，而应按照刑事管辖的法律规定来操作运行。《刑事诉讼法》第27条规定，上级人民法院可以指定下级人民法院将案件移送其他人民法院审判。该条规定了上级人民法院是变更审判管辖权的主要机关，但是司法实践中变更审判管辖权不是法院一家就能完成的，还需要协调犯罪调查机关和检察机关，而且实际上多数腐败案件管辖权的变更都是犯罪调查机关主动协调推进的。对监察案件来说，如果监察委和检察院在审查起诉环节协商认为变更管辖机关较为合适，需要由监察委、检察院和法院三方进行沟通，必要时报请各自上级机关对此进行协调，但最终由人民法院作出变更管辖的决定，① 相关的案卷材料等也要按照管辖变更的要求移送新的管辖机关。

2. 提前介入机制

为了保证监察调查程序和审查起诉程序能够实现良好对接，

---

① 至于监察案件具体移送到何地、由何级人民法院进行审判，主要由监察委、检察院和法院三方主体协商决定，期间涉及三方主体内部上下级之间的程序对接，包括监察委与司法机关的程序对接，以及司法机关之间的程序对接。

各地监察委在办案实践中形成了一种比较通行的做法,那就是协调检察机关提前介入监察调查程序,由检察院对监察案件的全部案卷材料进行提前审查。检察院提前介入监察调查程序审阅案卷,可以提前掌握监察案件的调查进展,对案件的事实、证据等有较为细致把握,为正式的审查起诉工作做好准备,确保后续正式审查起诉工作能够高效完成。检察机关提前介入审查案件材料,还可以及时发现案件调查取证方面的瑕疵和不足,给监察机关留出时间进一步完善调查取证工作,确保监察案件能够以较高质量进入审查起诉环节。另外,检察机关在对案件的情况有了一定的了解之后,就可以预判案件后续的处理方式,提前做好采取逮捕等强制措施的准备。当然,检察机关提前介入也可能产生另一种后果,那就是审查起诉工作的重心实质上前移至监察程序,导致后续的正式审查起诉程序形式化。

3. 移送审查起诉程序

监察委将移送起诉意见书及案卷材料移送检察院案件监督管理部门,检察院案件监督管理部门将该案分至本院公诉部门,正式的审查起诉程序由此启动。此时监察调查程序与审查起诉程序开始直接对接。程序衔接涉及案件相关案卷材料、法律文书、涉案款物的移送,以及监察委和检察院在采取强制措施方面的协调转换等问题。

(1) 党纪政务先行处分程序

根据监察案件查办时"纪在法前、先纪后法"的处理原则,如果被调查人同时涉嫌违纪、违法及犯罪问题,需要同时给予政务处分或者移送司法处理的,监察机关应在移送司法之前先行做出政务处分决定，之后再移送检察机关审查起诉。

（2）案件正式移送

监察委内部经过审理之后决定将案件移送司法的，一般先由调查部门制作起诉意见书，并对案卷材料等进行详细归类整理，将起诉意见书移送案件监督管理部门，由它们负责同检察机关协调案件移送事项。检察机关同意接受案件后，再由调查部门将起诉意见书、案卷材料、涉案款物等一并移送检察机关。[①] 如果被调查人符合认罪认罚从宽程序、缺席审判或者没收违法所得程序的要求，监察委应将相应的证据材料及处理建议一并移送检察机关。至此，案件正式进入检察机关的审查起诉程序，之后的程序将在检察机关的主导下进行。

（3）强制措施的转换

如果监察委在调查期间对犯罪嫌疑人采取了留置措施，在案件移送检察机关之后，由于留置措施不能适用于刑事程序，因此需要检察机关依法根据情况采取其他刑事强制措施。2018年修订的《刑事诉讼法》规定，"对于监察机关移送起诉的已采取留置措施的案件，人民检察院应当对犯罪嫌疑人先行拘留，留置措施自动解除"，检察院在先行拘留期限内对案件进行审查，之后应当进一步决定是否采取逮捕等其他强制措施。另外，某些监察案件中的调查对象未被采取留置措施，监察委将这类案件移送检察院之后，检察院公诉部门可以根据案件具体情况

---

① 根据现行的监察办案实践，如果检察院审查起诉之后认为不需要移送起诉，则相应案件款物将退回给监察委，由监察委根据案件情况做出没收、归还等具体的决定。

自主决定所采取的强制措施。

4. 退回补充调查程序

《监察法》在审查起诉环节规定了一个特殊的补充调查程序，该程序成为与过去补充侦查程序相区别的新型退补程序。《监察法》第 54 条第 3 款规定："人民检察院经审查，认为需要补充核实的，应当退回监察机关补充调查，必要时可以自行补充侦查。对于补充调查的案件，应当在一个月内补充调查完毕。补充调查以二次为限。"这是监察法对补充调查程序的直接规定，该规定对传统的退回补充侦查模式有较大的冲击，传统的补充侦查模式以退回补充侦查和自行补充侦查为主要内容，新的退补模式则增加了退回补充调查这个新的内容，导致监察案件同时存在两类退补程序，分别是检察院的自行补充侦查和监察委的退回补充调查。这也带来了几个方面的思考：一是新的退回补充调查程序的定性。按照传统的退补模式来解释现行的补充调查模式存在难度，且存在《监察法》和《刑事诉讼法》对退补程序规定上的不统一，是否需要通过建立统一的补充核实程序将这几类退补程序纳入其中有待进一步探讨。二是退回补充调查中的强制措施转换问题。监察案件移送到检察院审查起诉之后，检察院可能已经采取强制措施，此时检察院如果将案件退回监察委补充调查，等于案件再次进入监察调查阶段，那么是否需要撤销检察院的刑事强制措施，重新决定做出留置等调查措施呢？当前办案实践中比较通行的做法是，继续保留检察院采取的强制措施，监察委在检察院刑事强制措施期限内开展调查取证。但这种便宜处置方式也带来了问题，即监察案件已经退回到了监察调查阶段，①仍然保留刑事强制措施，根据传统的退回补充侦查理论该如何解释。

5. 不起诉协调

在审查起诉环节，监察法对监察案件不起诉处理的问题也有涉及，主要是对检察机关的监督制约。《监察法》第54条第4款规定："人民检察院对于有《中华人民共和国刑事诉讼法》规定的不起诉的情形的，经上一级人民检察院批准，依法作出不起诉的决定。监察机关认为不起诉的决定有错误的，可以向上一级人民检察院提请复议。"另外，在监察办案实践中，检察院在审查起诉之前会提前介入监察程序审查案件，审查起诉期间会继续与监察委沟通和协调案件进展情况，所以检察院受理案件后最终做出不起诉的案例应是极少的。但在某些特殊情况下，检察院审查起诉过程中确实可能发现某些案件符合不起诉的条件。如果决定做出不起诉处理，一方面检察院仍然要与监察委进行提前沟通和协调，另一方面监察委可以在收到不起诉决定后向上级检察院申请复议，这对检察院的不起诉决定形成了进一步的制约，即使这类情况发生概率较小，但如何建立监察委和检察院之间的不起诉衔接程序仍需要得到关注。

---

① 按照传统的退回补充侦查的观点，退回补充侦查是一种程序的倒流，意味着案件倒流回了前一个刑事诉讼阶段。有学者认为，中国刑事诉讼中存在大量程序倒流的现象，这些程序倒流可以分为不同类型，比如根据诉讼阶段可以分为审查起诉、一审、二审、死刑复核阶段的程序倒流；按照有无法律依据，可以分为法律明示型和司法潜规则型程序倒流，其中审查起诉阶段的程序倒流主要是检察机关将案件退回公安机关补充调查。汪海燕：《论刑事程序倒流》，载《法学研究》2008年第5期。

（三）监察机关与法院的程序衔接

监察环节在监察调查案件移送检察机关审查起诉之后已经完全终结，之后监察案件正式进入刑事司法程序，并由司法机关主导后续程序的运行，但是监察委作为监察案件的调查机关，仍然可能与法院在案件审判过程中发生关系。这主要涉及以下三种情况：

一是异地审判的程序协调。前文在分析监察委和检察院的程序对接时，提到了监察案件异地审判的问题，异地审判程序的启动不仅仅是监察委和检察院两方之间的协调事务，同时也需要法院的参与，并且最终由法院通过指定的方式变更管辖。在这个管辖变更的过程中，监察委、检察院和法院三方主要通过沟通协调的方式来确定新的审判法院，此时会存在监察委和法院之间的程序协调问题。

二是调查人员出庭。人民法院作为监察案件的审判机关，在审判过程中要对证据收集的合法性进行审查判断，而检察机关作为公诉机关应对证据收集的合法性进行证明。如果审判机关认为检察机关提交的证明材料不能排除非法取证的嫌疑，可以查阅监察机关调查取证的相应录音录像资料。如果法院审查同步录音录像资料后，仍不能排除非法取证嫌疑，可以要求监察调查人员出庭说明情况。这种监察调查人员出庭说明情况的模式与侦查人员出庭说明情况类似。

三是审判情况的通报。根据当前各地监察委和法院就业务衔接建立的工作机制，法院有及时将审判进展向监察委通报的义务，这样的设置是为了保证监察委能够及时了解监察案件的最新处理情况。比较常见的信息通报方式是法院在开庭审判前将开庭时间、地点等信息通知监察委，方便监察委派员参与案件审判的旁听。法院在对监察案件依法做出判决或裁定之后，应及时向监察委通报情况，并依法向监察委送达相应的判决或裁定文书。

（四）国际反腐败协作程序

近年来，腐败犯罪案件的跨国犯案趋势明显，越来越多的腐败犯罪同时涉及多个国家，这给腐败犯罪调查增添了新的困难。目前，中国腐败犯罪分子的外逃现象比较严重，一些腐败分子会选择逃往国外躲避调查，并将大量涉案资金转移到国外，这给国家造成了巨大的财产损失。2008年6月，中国人民银行刊发《中国腐败分子向境外转移资产的途径及监测方法研究》课题报告，其中援引了中国社科院的资料：20世纪90年代中期以来，外逃党政干部，公安、司法干部和国家事业单位、国有企业高层管理人员，以及驻外中资机构外逃、失踪人员数目高达1.6万至1.8万人，携带款项达8000亿元人民币。针对腐败犯罪的这种特点，加强反腐败国际合作成为必然选择。监察体制改革特别明确了反腐败国际合作的主体及相应工作机制。

《监察法》明确了国家监察委作为反腐败国际合作主体的地位，赋予国家监察委与有关国家、地区、国际组织在反腐败执法、引渡、司法协助、被判刑人的移管、资产追回和信息交流等领域进行合作的职责。目前,地方省级监察委普遍建立了专门的防逃追逃部门,但是具体的防逃追逃工作还需要通过国家监察委来实施。具体到监察案件调查工作来说,针对腐败分子外逃和转移赃款等行为,由国家监察委负责联系国际刑警组织中国国家中心局以及域外相关对接机构,组织实施境外追逃和抓捕工作,向赃款赃物所在国请求查询、冻结、扣押、没收、追缴、返还涉案资产,查询、监控涉嫌职务犯罪的公务人员及其相关人员进出国(境)和跨境资金流动的情况,做好日常防逃风险预防工作。

(五)监察调查的外部监督程序

监督者也要接受监督,这是权力制约的最基本要求。监察委调查职务犯罪案件既建立了内部的监督程序,也有许多外部机关通过不同的方式对调查活动进行监督。目前能够对监察委调查活动进行外部监督的机构主要包括:同级党委、人大及其常委会、检察院、法院、媒体和社会大众;这些监督主体中可以直接介入监察调查活动进行监督的主要是同级党委和检察院。

按照当前的监察调查程序设计模式,同级党委主要负责人参与职务犯罪监察调查的程度大大加深,各级监察委在调查本级党委及组织部门管理的干部时,需要在线索初核、立案、调查、做出审理结论和处理决定等阶段及时向同级党委负责人汇报,听取同级党委负责人的意见,留置等程序必须经过同级党委负责人的批准才能实施,所以同级党委是可以直接介入调查程序的监督主体。另外,同级党委负责人还在反腐败工作部署、监察委工作报告审核等方面发挥重要作用，还会在一些案件查办重大事项上帮助监察委协调与其他机关的关系。此外，检察院作为另一个可以直接介入监察调查程序的监督主体，主要是通过提前介入监察调查程序、审查监察案件的案卷材料等方式，对监察调查活动进行监督的。

对人大及其常委会、法院等其他主体来说，它们往往缺少直接接触监察调查程序的机会，因此一般只能进行事后监督。人大作为监察委的产生机关，自然有权力对监察委的工作进行监督，但这种监督主要是通过听取和审议本级监察委的专项工作报告、组织执法检查，以及就监察工作中的问题提出质询等方式实现的，这些监督措施很难直接监督正在进行中的监察调查活动。人民法院作为审判机关主要是通过审判过程中审查案件材料、听取被告人辩解、查看同步录音录像的方式进行事后监督的。如果发现监察委有违法取证行为，法院可以排除非法证据以及将违法线索移交相关机关查处。另外，社会大众、媒体、政协等主体也可以根据自己掌握的监察调查活动违法线索，对监察委的调查活动进行批评，或向社会公布违法线索，以发挥对监察调查活动的监督作用。

第六章
"四种形态"的准确规范适用机制

一、线索流转处置的监督控制机制

各地纪检监察机关一直在探索建立规范的线索处置机制。围绕规范内部权力运行,各级纪检监察机关深入推进信息化建设,加强内部监督约束,提升依规、依纪、依法工作水平。例如,天津市纪委监委通过建设综合业务、综合查询平台,细化固化法规制度要求和各项业务流程规则,将纪检监察业务分解为50余个业务操作环节、100余个数据流转节点、140余个文书表单。同时严格设置审批权限,确保线索转办、文书审批、措施申请等过程网上办理、清晰留痕,全过程可监督、可约束、可追溯。又如,针对监察体制改革以来案件数量攀升、精准量纪要求高、统计分析耗时耗力等情况,四川省成都市纪委监委在武侯区试点研发案件审理信息化系统,打造了集流程管控、文书生成、统计分析、学习培训为一体的在线平台。"平台不仅能够对案件办理流程在线监控,确保手续完备,还可以通过协助生成文书报告、提供定性量纪实践参考等方式为工作人员减负。"①

根据深化监察体制改革要求,上海市纪委监委出台的《上海市纪检监察机关监督执纪监察工作办法(试行)》再次明确,各级纪检监察机关其他部门接收、发现的信访举报件,必须交由信访举报部门统一登记、分流。上海市纪委监委积极推进市、区、街镇三级信访管理系统全覆盖,依托信息化建设,将工作规范要求延伸到"神经末梢",实现全市纪检监察机关一个口子、一个系统、一个标准受理信访举报。截至2018年5月,信访管理系统已联通全市所有16个区纪委监委、31个派驻纪检组,单机版推广至958家处级及以下单位的基层纪检监察组织。系统累计录入信访举报信息47万余条,其中,党的十八大以来录入11万余条。深化监察体制改革后,市纪委及时为新成立的部门开通系统使用权限和应用功能,并对改革后新任系统管理员进行辅导,确保系统畅通,信息完整,工作闭环。上海市纪委监委不断探索拓展系统功能,并做好应用推广,建立了覆盖监督执纪全流程、全委各部门共同使用的信息化管理系统。系统主要包括信访受理、评估分发、线索办理、查询统计等工作模块,全委信访举报、案管、监督检查、审查调查、干部监督、审理、法规等20多个职能部门按照各自工作职能和

---

① 张琪彬:《纪检监察机关加强信息化平台建设以公开促公正 以透明保廉洁》,https://www.ccdi.gov.cn/toutiao/202009/t20200925_226149.html,2021年6月8日访问。

权限，共同使用系统开展工作，最终形成全委应用、全要素录入、全局查询、全流程闭环的运行体系。信访举报部门"线下"收到信访举报件后，必须在 5 个工作日内完成"线上"登记、审批、分流等工作；各承办部门"线下"开展办理过程中，要及时在"线上"录入办理信息。系统将领导批示、办理方案、办理报告、办结情况等全要素完整录入，实现了信访举报件办理全流程"线上线下"同步、"网上网下"一致。通过打造"权限有界、网上留痕、全程受控、横向到边"的网络平台，确保系统数据实时准确，为信息查询、统计、分析等打牢基础。①

2016 年监察体制改革之后，纪检监察系统原有的信息化业务系统不断调整，各地在试点期间对本省内的系统进行调试，以便兼容纪检信息系统和监察信息系统，确保两类信息系统的有效兼容。有的纪检监察机关对监督检查和审查调查部门处置问题线索的权限划分不够清晰，存在交叉重叠的情况，降低了线索处置效率；有些应当适用第三、第四种形态的问题线索不能及时向审查调查部门移送；还有些地方纪检监察机关处置线索的自由裁量权过大，本机关内部的监督面临系统内监督的固有弊病。因此，有必要进一步完善全国统一的纪检监察业务信息系统建设，对于线索处置设置严格的报批流程，由上级纪委监委对下级纪委监委的线索处置情况进行网上监督，辅助纪检

---

① 《上海：建立覆盖监督执纪全流程的信息化管理系统》，https://www.ccdi.gov.cn/yaowen/201805/t20180522_172313.html，2021 年 6 月 8 日访问。

监察系统定期开展巡视巡察，重点检查各类线索的分流处置情况，防止出现线索处置不当影响"四种形态"适用的问题。

二、建立分类、分层次的形态适用标准

"四种形态"适用实践中存在形态适用不规范、不精准的问题。第一，理解认识存在偏差。有的纪检监察干部对"四种形态"的内涵要义理解不深，没有深刻认识"四种形态"的政治功能，有的片面强调"四种形态"的从轻、减轻处理，从严要求、从重处理未得到充分体现和落实。少数纪检监察干部不善于从政治上看问题，对本地区本部门的政治生态研判不够，对具体问题的分析和把握政治聚焦不够。有的地方刻意追求各形态之间的比例关系，将"四种形态"机械理解为简单的比例关系。第二，形态运用需要更加精准。一些基层纪检监察干部反映，对于"四种形态"中各种形态的相互转化缺少客观具体标准，不同地区对于相似案件的处理结果有一定差异。一些地方运用第二、第三种形态不平衡、不到位，对案件缺乏综合研判，对形态运用边界和对应内容把握不统一，在形态转化时经常摇摆不定。有的干部未能准确区分不同违纪、违法行为之间的界限，在认定违纪党员干部的主观态度以及影响处分轻重的情节时，对于什么是认错悔错态度好，什么是情节较轻、情节

较重、情节严重，裁量尺度不一。有的纪检监察机关在形态运用时脱离案件事实，过于强调违纪党员干部的主观态度，忽视了案件事实的重要性。有的在如何结合本地区本部门本单位实际开展过程评价和深度评价等方面缺乏系统思考，对如何把形态运用深度融合到业务考核中缺乏深入把握。

针对监督执纪和监察执法的具体适用标准，中央纪委提出了"二十四字"办案方针：事实清楚、证据确凿、定性准确、处理恰当、手续完备、程序合法，该"二十四字"办案方针在《中国共产党纪律检查机关监督执纪工作规则》中有明确体现。《监察法》将职务犯罪办案的标准规定为"事实清楚，证据确实、充分"，这个标准与《刑事诉讼法》对审查起诉和判决有罪的标准基本相似。从现行规定看，监督执纪和监察执法的适用标准仍然较为笼统，属于针对整个执纪执法的宏观标准，缺少对具体形态标准的规范。另外，"四种形态"是一种具有政治色彩的管党治党和反腐败策略方法，这意味着要兼顾政策考量与法律判断，各形态的处置不可能完全基于法律专业判断，必然涉及某些政策策略方面的考量，这是纪检监察机关办案和司法机关办案的重要区别之一。

首先要坚持具体问题具体分析把握政策策略。实践中，有的纪检监察干部容易陷入只强调某一种形态而忽视"四种形态"整体性的误区，将"四种形态"运用割裂开来，特别是忽视运用第一种形态的积极影响和屏障效果。"四种形态"是一种政策策略，对追究党纪责任、实施党纪处分有宏观上的指导和调适作用，具体运用时要坚持具体问题具体分析，以事实和纪法这两个定量为基础，通过有效处置化解存量、强化监督遏制增量，最终实现政治效果、纪法效果、社会效果相统一。其中，纪法效果的兼顾对"四种形态"的具体适用提出了更高的要求。

其次要准确区分违纪与职务违法、职务犯罪的认定界限。有党员身份的公职人员违纪与职务违法在客观行为上有很大的重合性，某些违纪行为与职务犯罪的界限模糊，导致行为定性存在困难，影响形态精准运用。这就要求纪检监察机关综合考察全案的事实、性质、情节，以及被审查调查人认错悔错态度和案件其他特殊情况，具体分析、综合考量。其中，尤其要加强对审查调查和司法实践的分析研究，明确第三、第四种形态政策界限，运用第三种形态要体现把监督挺在前面的要求，对于严重违法犯罪的，必须果断运用第四种形态处理。鉴于当前各形态适用的标准不够精确的问题，有必要出台"四种形态"的实施细则，对各个形态的证据标准、处置标准等进行界定，以监督执纪和监察执法"二十四字"要求为基础，以执纪执法工作指南的形式，明确"四种形态"的具体适用情形、形态边界、政策界限、证据标准、情节条件、程序要求等内容。在执纪尺度的把握上，转向注重定性分析与定量分析相结合。深入研究在执纪审理中如何具体运用监督执纪"四种形态"，规范各种形态的具体适用条件，规范执纪标准和尺度，准确把握定性处理与违纪数额、违纪后果、对待组织审查态度等情节的相互关系（影响形态转变），确保定性准确、处理恰当。便于一线执纪执法人员参照执行，减少"四种形态"适用中主观裁量权过大、适用不平衡等问题的出现。

最后要探索纪检监察案例指导制度。鉴于党纪内部自成一体的调查、处置、证据标准体系,可探索建立纪检监察系统的案例指导制度,解决个案适用中的地区差异和处置不均衡问题。案例指导制度是人民法院系统运用得较为成熟的一项制度,可以为广大一线执法者提供指导,减少审判中存在的同案不同判等问题。纪检监察系统中存在一套与司法相似的流程,一个完整意义上的执纪执法程序主要包括线索处置、初核、立案、调查和审理这五个环节,类似于刑事司法的完整流程。因此,引入案例指导制度,由中央纪委定期发布纪检监察案例,有助于一线执纪执法人员参照操作执行,减少执纪执法中存在的地区不平衡问题。

三、形态适用中的风险防控

"四种形态"涵盖从批评教育到移送司法的广阔地带,需要精准把握好适用的不同条件和工作标准。要明确政策界限,区分不同情况,坚持分类处置。"四种形态"中的第一种形态,是党内监督的基础工作。监督是纪检监察机关的基本职责、首要职责、第一职责。要严肃认真做好日常监督工作,就要把咬耳扯袖、红脸出汗摆到更加重要的位置,抓早抓小、防微杜渐。

用好"四种形态"关键在用好第一种形态。第二、第三种形态是为了落实把纪律挺在前面的要求，按照错误性质和情节轻重，综合运用组织调整、纪律处分等方式，分类处置、层层防治。第四种形态体现了我们党以零容忍态度惩治腐败的坚定决心。第一种形态以教育警醒为主，第二种形态以轻惩戒为主，这两种形态警示作用大于惩治作用，目的是抓早抓小、关口前移、防微杜渐。综合运用第一种、第二种形态，就是把纪律挺在前面。把纪律挺在前面，就是把监督挺在前面，发现问题就要及时红脸出汗，统筹考虑性质情节、后果影响、认错态度等情况。但是，也不要理解成所有的情况都只能按第一种、第二种形态处理。第三种形态以重惩戒为主，第四种形态是坚决惩处打击，这两种形态侧重严肃查处问责，惩治作用大于警示作用。

在实践中，要使第一种形态成为常态，使多数人不犯或少犯错误；综合运用第二、三种形态，防止一般违纪违法发展成犯罪行为；要果断稳妥用好第四种形态，使前三种形态有威慑力。理论界和实务部门曾提出"四种形态"之间的相互转化问题，特别认为第四种形态向第三种形态转化，既要防止该转的不转，又要防止不该转的却从轻发落。值得注意的是，"四种形态"的转换并非一个严谨的表述。目前"四种形态"适用中的突出问题是案件事实和性质认定不准、政策法规适用不当、执纪执法尺度不一，容易引发外界质疑出现压案，瞒案及办人情案、关系案、金钱案等问题。尤其是在"四转三"的情形中可能出现本应移送司法机关的犯罪转为违纪重处分，出现所谓的"非刑事化"或非犯罪化的处置。中央纪委关于"四种形态"

适用的相关规定明确了过去所理解的"四转三"并非科学的表述,从轻减轻情节并非转换条件,而是一种法定的量纪适法情节。比如,刑法中规定了大量的量刑情节,法官在适用从轻减轻情节时,并非在进行量刑幅度的转换,而是根据案件综合情况来确定量刑幅度。同理,所谓的"四种形态"的形态转换,也是执纪执法机关根据案件综合情况,对被调查对象所应适用的形态进行的合理合法判断。

针对这些问题,除了建立各形态的适用标准、建立案例指导等制度外,还需进一步完善纪检监察内部的监督控制机制。首先,建立形态转换的上级审批机制。纪检监察机关如果在调查办案中发现案件处置方式应予以调整,比如之前以违纪立案,后续调查发现涉嫌犯罪,或者之前以违法犯罪立案,后续调查发现只需进行违纪处分,应将处置情况及时向上级纪检监察机关备案审查,由上级纪检监察机关进行监督审查。其次,对监察机关以职务犯罪立案后决定只处以违纪处分的,应通报检察机关,由检察机关从外部发挥监督作用。最后,将形态适用错误作为内部问责的情形之一,由纪检监察机关内部监督部门负责审查,并对处置错误的人员及时进行问责。此外,还要发挥上级纪检监察机关的巡视巡察作用,通过定期组织巡视巡察,重点检查适用"四种形态"有争议的案件,防控升格或降格降级处置、以纪代法、放纵犯罪等风险。

四、反腐败与党的自我革命在实践向度的一体推进

习近平总书记在二十届中央纪委三次全会上阐释了党"为什么要自我革命""为什么能自我革命""怎样推进自我革命"等重大问题,要求以自我革命精神作为全面从严治党、党风廉政建设和反腐败斗争的根本遵循。反腐败是最彻底的自我革命的命题内涵,在实践层面体现为通过反腐败推进党的自我革命。党的自我革命是反腐败之上更高层次的政治任务和目标,基于反腐败与党的自我革命的内在统一性,新时代反腐败应被纳入党的自我革命的宏观框架之中,实现两者的一体协同推进。

1. 推动多层次监督体系的运行协同

反腐败是最彻底的自我革命的提出,揭示了实现党的自我革命的行动指南,但反腐败不是自我革命的全部,自我革命是一个更为宏大的理论范畴和制度体系。反腐败是自我革命的必然要求,也是实现自我革命的主要方式和路径,应根据自我革命的要求调整反腐败工作方式和重点。党的自我革命的意义在于保持党的先进性和领导能力,这是针对党政领域而言的,其外溢价值则可以延伸至社会领域,即自我革命能够引领伟大的

社会革命。自我革命体系中的反腐败既聚焦于党政领域的腐败治理，也需要协同社会领域的腐败治理。

第一，创新纪检监察体制，实现党和国家监督体系内部的有效衔接。腐败的发生是一个从量变到质变的过程，"破"法是从"破"纪开始，从轻微违纪到严重违法犯罪历经多个演变阶段，但过去的反腐实践一度存在忽视纪律治理、过度重视大案要案等导向偏差，党政监督体系内部存在衔接不畅等问题。党的十八大之后，党中央加快推进党政监督体制的改革进程，先后推动国家监察体制等一系列重大改革，进一步健全党政监督体系的制度设计。2019年10月31日，中国共产党第十九届中央委员会第四次全体会议通过《中共中央关于坚持和完善中国特色社会主义制度 推进国家治理体系和治理能力现代化若干重大问题的决定》，其中指出："党和国家监督体系是党在长期执政条件下实现自我净化、自我完善、自我革新、自我提高的重要制度保障。"党政监督体系是党的自我革命制度规范体系的重要组成部分，在党的自我革命的宏观框架之中完善党政监督体系，一是要继续深化纪检监察体制改革，强化纪检监察队伍力量，通过监察监督全覆盖提升监督效能，发挥纪检监察机关作为反腐败专责机关的监督作用。二是要发挥"四大监督"的监督合力，推进纪律监督、监察监督、派驻监督、巡视监督统筹衔接，建立层次化的党政专责监督体系。三是要以党内监督为主导，推动各类党政监督的相互协调。在党和国家监督体系中，主要靠党政专责监督体系发挥监督职能，但也需要发挥人大监督、行政监督、司法监督、审计监督、统计监督等监督类型的作用，在党政体制内部建立起严密的公权力监督体系。

第二，在"三不"一体的反腐败战略推进过程中，实现党政监督体系和社会监督体系的协同。党政专门机关的专责监督具有权威、高效等优点，但专责监督的对象即党员干部是一个庞大群体，而专责监督人员的数量受到编制计划、财政预算等制约不能无限制增加，所以专责监督人员的数量在一定时期内只能维持在相对稳定的区间。专责监督需要配置相应的国家资源，严格依程序运行的个案查办需要一定的周期，因此少数专责监督人员监督多数公职人员不可避免地会遇到人力瓶颈、程序承载能力上限和成本高等问题。在"三不"一体战略中，"不想腐"目标的实现，既要运用党政机关专责监督体系的功能，也应发挥群众监督、舆论监督、民主监督等社会监督体系的作用，推动专责监督体系和社会监督体系的一体协同。反腐败大监督体系的建立可以实现多数人监督少数人的监督效果，最终从体制机制上破除腐败诱因和发生条件，从社会、经济、文化等层面根除腐败滋生的土壤，以移风易俗的方式建立一个新时代的廉洁社会，这也是自我革命引领伟大社会革命的题中之义。

2. 以风腐同查同治为基本治理方式

风腐治理方式属于党的自我革命体系中的微观治理技术。在中国党政融合的基本体制中，党员和公职人员的身份高度重合，党风问题和腐败问题之间也存在复杂的联结关系，具体体现为"风"和"腐"之间同根同源、共生和可以互相转化。党内对风腐关系的认识是一个不断深化的过程，从早期治理体系中的风腐不分发展至风腐分离,再到新时代的风腐同查同治,党内对风腐机理的认识深化引发了风腐治理方式的转变。

在中国共产党建立之后的相当长时间内,党风问题和腐败问题并未有明确区分,腐败被视作一类党风问题,也没有发展出专门的腐败治理机制。毛泽东最早在党内使用"党风"一词,他在1942年发表的《整顿党的作风》一文中提出了反对宗派主义以整顿党风的概念。但党风在很长一段时间内都是一个范围和边界不甚明确的概念,违纪、职务违法和职务犯罪等行为长期被纳入党风的概念体系,腐败现象被归入党风问题,违纪违法犯罪均被称为党内不正之风。1985年3月,时任中央纪委常务书记王鹤寿在全国纪检工作会议上提出辨别不正之风的三个标准:第一,是否有利于四化建设和符合国家利益;第二,是否属于以权谋私和严重官僚主义;第三,是否符合党性原则。按照当时中央纪委提出的不正之风的界定标准,所有违反党的纪律、国家法律的行为都属于不正之风,腐败现象在中央领导讲话、党政文件中多以党风的面目出现。此阶段尚无专门化、体系化的腐败治理机制,风腐治理多以整党整风等方式进行,典型特征是通过治理党风来治理腐败。

改革开放之后腐败迅速滋生蔓延,党内对腐败问题的认识开始逐步深化,腐败从党风体系中被相对分离,开始形成相对独立的腐败治理体系。1986年,六届全国人大常委会十八次会议决定恢复国家行政监察体制,之后,纪委治理党风、行政监察部门调查职务违法、检察院侦查职务犯罪的分散治理体系逐步建立。1987年,党的十三大报告指出,"党的纪律检查委员会不处理法纪和政纪案件",因此纪委在改革后只负责对党员行使纪律检查权,监察部门则对公职人员行使行政监察权,部分机关单位的纪委派驻纪检组等纪检机构也随之撤销,全国纪检工作人员的数量减少。在党政一体的基本制度框架中,纪委和行政监察机构的监督对象高度重合,因此当纪检、行政监察彻底分离运行之后,随即出现两机关重复调查、重复设置办事机构、党纪政纪程序对接不畅等问题。中央纪委和原国务院监察部曾尝试建立业务协作机制、制定程序衔接规范等解决方案,但始终无法有效解决上述问题。

目前,风腐分散治理已经转向风腐同查。转变的两个节点是1993年和2016年的两次纪检监察体制改革。1993年,党的地方各级纪律检查委员会与地方各级监察委员会合署办公,实现了纪律检查、行政监察两项权力的一体运行,初步实现了违纪和职务违法的同查同治。2016年,监察体制改革进一步整合纪检、行政监察、职务犯罪侦查等反腐败权力,实现了纪律检查、国家监察两项权力的一体运行,纪委监委一体查处违纪、职务违法和职务犯罪问题,为全流程的风腐同查同治建立制度基础。

腐败和不正之风互相交织,严重破坏了党政机关的形象,降低了党员干部队伍的战斗力。风腐分散治理既不能有效清除腐败,也无法巩固腐败治理效果,难以实现对风腐问题标本兼治、系统施治的目标。中央纪委在2022年发布的《关于贯彻党的二十大部署要求 锲而不舍落实中央八项规定精神深化纠治"四风"工作的意见》中要求,对风腐一体问题深挖细查,健全风腐同查的工作机制,这是对过去风腐治理经验的总结,也成为新时代腐败治理的基本理念。新时代的风腐同查同治不同于风腐不分阶段的同查同治,而是首先承认"风"与"腐"问题的不同属性和区别,分别设计差异化的治理规范、措施、方法和程序,然后基于风腐一体共生的复杂关系,实现两类治理机制的有效衔接和协作。党的自我革命体系是一个宏观的治理框架,自我革命的实现需要同时治理腐败、不正之风等问题。历史实践证明,风腐分散治理必然影响治理效果,而风腐同查同治机制所要求的"由风查腐"和"由腐纠风"的全过程、系统化治理,正是反腐败与党的自我革命一体推进在微观治理领域的集中体现。

3. 实现纪法规范体系的协调和整合

中国共产党自建立后一直在探索运用制度规范以推进自我革命,党中央在党的十八大以后高度重视依规依纪治党,逐步建立起成熟、规范和体系化的自我革命制度规范体系。广义上的党的自我革命制度规范体系是一个包含党内法规、国家法律规范、党和国家监督体系、党内问责制度等在内的,呈现为体系化的一般性制度规范安排。反腐败领域的纪法规范体系是自我革命制度规范的组成部分,建立纪法规范体系以公权力运行的规范化、法治化和正规化为导向,健全的纪法规范体系可以为党的自我革命提供制度规范保障。因此,在新时代党的自我革命制度规范体系的总框架下,要加快完善反腐败相关的纪法规范体系,以实现党的自我革命对规范保障的制度需求。

反腐败斗争涉及执纪执法相关规范的衔接适用,而纪法规范体系在自我革命制度规范框架中存在复杂的联结关系，主要体现为腐败治理中的纪法规范共治。以纪检监察机关的执纪执法领域为例，纪法规范之间存在共生、共治、模仿、吸纳和整合等关系，许多监察执法规范均由中央组织部等党的机关制定，监察法律规范中的兜底条款、不确定概念、抽象条款必须借助党内规范才能准确理解和适用。在党的自我革命制度规范体系框架中建设反腐败相关纪法规范体系，一是要系统整理现行有效的纪法规范，制定统一的立法立规规划。党内法规种类繁多，虽经历多次废改立，但仍存在内容滞后等问题，党内法规与国家法律之间的对接也存在空白，甚至部分纪法规范体系之间还存在冲突。党和国家机关可以在系统梳理现行反腐败相关纪法规范的基础上，协同制定立法立规的规划方案。二是要加快反腐败立法的进程。党的十九大以来，推进反腐败国家立法成为当前腐败治理的重要工作，立法机关先后制定和发布《监察法》及相关配套法律法规，为反腐败法治化提供了基本的规范保障。但目前国家反腐败法律体系尚未全面建立，仍需要加快推进反腐败制度设计和反腐败立法进程。三是要实现反腐败领域纪法规范的有效衔接。要在党的自我革命制度规范体系框架中，加快推动反腐败国家立法与党内规范立规的一体推进，实现反腐败领域纪法规范的有序衔接和协调，最终建立科学严密和系统完备的反腐败法规制度体系。

参 考 文 献

一、中文文献

（一）译著类

1. 〔日〕大木雅夫：《比较法》，范瑜译，法律出版社1999年版。
2. 〔英〕杰奎琳·霍奇森：《法国刑事司法——侦查与起诉的比较研究》，张小玲、汪海燕译，中国政法大学出版社2012年版。
3. 〔德〕K. 茨威格特、H. 克茨：《比较法总论》，潘汉典等译，法律出版社2003年版。
4. 〔德〕卡尔·拉伦茨：《法学方法论》，陈爱娥译，商务印书馆2003年版。
5. 〔美〕理查德·A. 波斯纳：《法律的经济分析（上）》，蒋兆康译，中国大百科全书出版社1997年版。
6. 〔美〕罗伯特·S. 萨默斯：《美国实用工具主义法学》，柯华庆译，中国法制出版社2010年版。
7. 〔美〕罗伯特·考特、托马斯·尤伦：《法和经济学（第五版）》，史晋川等译，格致出版社、上海三联书店、上海人民出版社2010年版。
8. 〔美〕迈克尔·D. 贝勒斯：《程序正义——向个人的分配》，邓海平译，高等教育出版社2005年版。

9.〔日〕美浓部达吉：《公法与私法》，黄冯明译，中国政法大学出版社 2003 年版。

10.〔法〕孟德斯鸠：《论法的精神（上册）》，张雁深译，商务印书馆 1961 年版。

11.〔日〕田口守一：《刑事诉讼法》，张凌、于秀峰译，中国政法大学出版社 2010 年版。

12.〔德〕托马斯·魏根特：《德国刑事诉讼程序》，岳礼玲、温小洁译，中国政法大学出版社 2004 年版。

13.〔德〕维尔纳·弗卢梅：《法律行为论》，迟颖译，法律出版社 2013 年版。

14.〔美〕约翰·罗尔斯：《正义论》，何怀宏等译，中国社会科学出版社 1988 年版。

（二）著作类

1. 陈瑞华：《程序正义理论》，中国法制出版社 2010 年版。

2. 季卫东：《法治秩序的建构》，中国政法大学出版社 1999 年版。

3. 李永忠：《负担与责任——权力的解密》，北京出版社 2012 年版。

4. 林钰雄：《刑事诉讼法（下册 各论编）》，中国人民大学出版社 2005 年版。

5. 刘梅湘：《刑事侦查程序理论和改革研究》，中国法制出版社 2006 年版。

6. 沈跃东：《宪法上的监察专员研究》，法律出版社 2014 年版。

7. 孙笑侠：《法的现象与观念——中国法的两仪相对关系（修订四版）》，光明日报出版社 2018 年版。

8. 王新清等：《刑事诉讼程序研究》，中国人民大学出版社 2009 年版。

9. 赵贵龙：《中国历代监察制度》，法律出版社 2010 年版。

10. 周林彬：《法律经济学论纲》，北京大学出版社 1998 年版。

11. 朱光磊：《当代中国政府过程》，天津人民出版社 1997 年版。

(三) 论文类

1. 卞建林：《监察机关办案程序初探》，载《法律科学（西北政法大学学报）》2017 年第 6 期。

2. 卞建林、张可：《侦查权运行规律初探》，载《中国刑事法杂志》2017 年第 1 期。

3. 陈光中：《关于我国监察体制改革的几点看法》，载《环球法律评论》2017 年第 2 期。

4. 陈光中、邵俊：《我国监察体制改革若干问题思考》，载《中国法学》2017 年第 4 期。

5. 陈卫东：《职务犯罪监察调查程序若干问题研究》，载《政治与法律》2018 年第 1 期。

6. 冯俊伟：《国家监察体制改革中的程序分离与衔接》，载《法律科学（西北政法大学学报）》2017 年第 6 期。

7. 傅金鹏：《党政合署：形态变迁与改革策略》，载《天津行政学院学报》2012 年第 1 期。

8. 顾培东：《也论中国法学向何处去》，载《中国法学》2009 年第 1 期。

9. 黄捷：《论程序法的三种类型》，载《湖南师范大学社会科学学报》2018 年第 4 期。

10. 纪亚光：《我国国家行政监察制度的历史演进》，载《中国党政干部论坛》2017 年第 2 期。

11. 江国华、彭超：《国家监察立法的六个基本问题》，载《江汉论坛》2017 年第 2 期。

12. 姜明安：《正当法律程序：扼制腐败的屏障》，载《中国法学》

2008年第3期。

13. 焦洪昌、古龙元：《从全国人大常委会授权看监察体制改革》，载《行政法学研究》2017年第4期。

14. 李红勃：《迈向监察委员会：权力监督中国模式的法治化转型》，载《法学评论》2017年第3期。

15. 李萱：《法律主体资格的开放性》，载《政法论坛》2008年第5期。

16. 林尚立：《中国反腐败体系的构建及其框架》，载《河南大学学报（社会科学版）》2010年第1期。

17. 林彦：《从"一府两院"制的四元结构论国家监察体制改革的合宪性路径》，载《法学评论》2017年第3期。

18. 刘玫：《论监察委员会的调查措施》，载《学习与探索》2018年第1期。

19. 刘艳红：《监察委员会调查权运作的双重困境及其法治路径》，载《法学论坛》2017年第6期。

20. 刘忠：《读解双规侦查技术视域内的反贪非正式程序》，载《中外法学》2014年第1期。

21. 龙大轩、原立荣：《御史纠弹：唐代官吏犯罪的侦控程序考辨》，载《现代法学》2003年第2期。

22. 罗国强：《西方自然法思想的流变》，载《国外社会科学》2008年第3期。

23. 马怀德等：《聚焦国家监察体制改革》，载《浙江人大》2016年第12期。

24. 马怀德：《国家监察体制改革的重要意义和主要任务》，载《国家行政学院学报》2016年第6期。

25. 马岭：《监察委员会与其他国家机关的关系》，载《法律科学

（西北政法大学学报）》2017 年第 6 期。

26. 牟军：《我国刑事侦讯制度：特点、问题及基本认识》，载《云南大学学报（法学版）》2010 年第 6 期。

27. 牟军：《我国侦查程序的缺陷与重构——以刑事侦讯为视角》，载《西南民族大学学报（人文社科版）》2010 年第 4 期。

28. 聂鑫：《中西之间的民国监察院》，载《清华法学》2009 年第 5 期。

29. 秦前红：《国家监察体制改革宪法设计中的若干问题思考》，载《探索》2017 年第 6 期。

30. 秦前红、石泽华：《监察委员会留置措施研究》，载《苏州大学学报（法学版）》2017 年第 4 期。

31. 秦前红：《我国监察机关的宪法定位：以国家机关相互间的关系为中心》，载《中外法学》2018 年第 3 期。

32. 邱昭继：《法学研究中的概念分析方法》，载《法律科学（西北政法大学学报）》2008 年第 6 期。

33. 施鹏鹏：《国家监察委员会的侦查权及其限制》，载《中国法律评论》2017 年第 2 期。

34. 孙笑侠、应永宏：《程序与法律形式化——兼论现代法律程序的特征与要素》，载《现代法学》2002 年第 1 期。

35. 谭世贵：《监察体制改革中的留置措施：由来、性质及完善》，载《甘肃社会科学》2018 年第 2 期。

36. 汤维建：《关于程序正义的若干思考》，载《法学家》2000 年第 6 期。

37. 童之伟：《对监察委员会自身的监督制约何以强化》，载《法学评论》2017 年第 1 期。

38. 童之伟：《法律关系的内容重估和概念重整》，载《中国法学》

1999 年第 6 期。

39. 王春业：《论法治视野下监察委员会体制的构建》，载《江海学刊》2017 年第 5 期。

40. 王旭：《国家监察机构设置的宪法学思考》，载《中国政法大学学报》2017 年第 5 期。

41. 魏昌东：《国家监察委员会改革方案之辨正：属性、职能与职责定位》，载《法学》2017 年第 3 期。

42. 邬思源：《苏联国家监察制度评析》，载《中国延安干部学院学报》2012 年第 2 期。

43. 吴建雄：《论国家监察体制改革的价值基础与制度构建》，载《中共中央党校学报》2017 年第 2 期。

44. 吴建依：《程序与控权》，载《法商研究（中南政法学院学报）》2000 年第 2 期。

45. 吴玄：《古罗马保民官制度研究》，华东政法大学 2013 年博士学位论文。

46. 谢登科：《论国家监察体制改革下的侦诉关系》，载《学习与探索》2018 年第 1 期。

47. 谢佑平、万毅：《侦查法律关系论纲》，载《中国人民公安大学学报》2003 年第 1 期。

48. 熊秋红：《监察体制改革中职务犯罪侦查权比较研究》，载《环球法律评论》2017 年第 2 期。

49. 徐汉明：《国家监察权的属性探究》，载《法学评论》2018 年第 1 期。

50. 徐静村：《侦查程序改革要论》，载《中国刑事法杂志》2010 年第 6 期。

51. 杨秋波：《纪委和检察机关反腐败协作制度研究》，载《中国政法大学学报》2014 年第 3 期。

52. 叶青：《监察机关调查犯罪程序的流转与衔接》，载《华东政法大学学报》2018 年第 3 期。

53. 叶青、王小光：《域外监察制度发展评述》，载《法律科学（西北政法大学学报）》2017 年第 6 期。

54. 翟志勇：《论监察权的宪法性质——兼论八二宪法的分权体系》，载《中国法律评论》2018 年第 1 期。

55. 张建伟：《法律正当程序视野下的新监察制度》，载《环球法律评论》2017 年第 2 期。

56. 周长军：《监察委员会调查职务犯罪的程序构造研究》，载《法学论坛》2018 年第 2 期。

57. 周佑勇：《监察委员会权力配置的模式选择与边界》，载《政治与法律》2017 年第 11 期。

58. 朱振：《什么是分析法学的概念分析?》，载《法制与社会发展》2016 年第 1 期。

59. 庄德水：《国家监察体制改革的行动逻辑与实践方向》，载《中共中央党校学报》2017 年第 4 期。

60. 纵博：《监察体制改革中的证据制度问题探讨》，载《法学》2018 年第 2 期。

61. 左卫民、安琪：《监察委员会调查权：性质、行使与规制的审思》，载《武汉大学学报（哲学社会科学版）》2018 年第 1 期。

二、英文文献

1. Anti-Corruption and Civil Rights Commission 2016 Annual Report, https://www.theioi.org/downloads/1e5pm/ACRC%202016%

20annual%20report. pdf.

2. Cyril Chern, *The Law of Construction Disputes (Construction Practice Series)*, 2nd Edition, Informa Law from Routledge, 2016.

3. Erik Luna, Marianne Wade(eds.), *The Prosecutor in Transnational Perspective*, Oxford University Press, 2015.

4. Lee Jung-Soo, The Characteristics of The Korean Prosecution System and The Prosecutor's Direct Investigation, https://www. unafei. or. jp/publications/pdf/RS_No53/No53_13VE_Soo. pdf.

5. Linda C. Reif, *The Ombudsman, Good Governance and the International Human Rights System*, Marter Nijhoff Publishers, 2004.

6. Mireille Delmas-Marty, J. R. Spencer, *European Criminal Procedures*, Cambridge University Press, 2005.

7. Parliamentary Ombudsman of Finland, Summary of The Annual Report 2016, https://www. oikeusasiamies. fi/documents/20184/39006/summary2016.

8. Robert Vouin, The Role of the Prosecutor in French Criminal Trials, *American Journal of Comparative Law*, 1970, 18 (3), pp. 483-497.